Hard Rock

Redbook

Hard Rock

Andrés López Martínez

MA NON TROPPO

MA
NON
TROPPO

Un sello de Redbook ediciones
Indústria 11 (pol. Ind. Buvisa)
08329 Teià (barcelona)
info@redbookediciones.com
www.redbookediciones.com

Diseño de cubierta: Regina Richling
Diseño de interior: César Muñoz

ISBN: 978-84-15256-80-9
Depósito legal: B-19.978-2015

Impreso por Sagrafic,
Plaça d'Urquinaona 14, 7º-3ª
08010 Barcelona

Impreso en España - *Printed in Spain*

Índice

Introducción

Más o menos, cada diez años todo se reduce al mínimo común denominador y luego vuelve a convertirse en la misma mierda, pero lo único que sobrevive es el rock.
Eddie Van Halen

Todo lo que los críticos escriben es, en esencia, su opinión, pero los fans votan comprando sus entradas para los conciertos, los elepés, cedés, etc… No puedes engañar al público.
Mick Box

No resulta fácil fechar los comienzos del hard rock. Los referentes que se toman para concretar su orígen suelen variar, dependiendo del enfoque con el que son propuestos. No hay un único criterio fidedigno, aunque lo que tienen en común las fechas, los acontecimientos o las grabaciones con los que se argumenta, es que todos ellos entrañan una fractura musical, e incluso social, necesaria y determinante respecto a movimientos anteriores. No hay que olvidar que los cambios surgen de lo preexistente y que no surgen de manera espontánea.

Otro de los argumentos necesarios para determinar que el hard rock es un movimiento formal es que ha sido, es y será una máxima para varias generaciones de aficionados, millones de seguidores que han rendido culto a ídolos que se sirven de instrumentos y predican mediante la interpretación. El hard rock es fuerza tanto como gallardía, pasión como fulgor.

Vapuleado por la crítica y tachado de marginal por el gran público, que ha considerado denostada la exuberancia del 'rock star way of life', el hard rock ha sabido perpetuarse mediante sus propios patrones, evolucionando al mismo tiempo por caminos que en paralelo lo han llevado a conversiones como el heavy metal, el grunge o las cadencias progresivas.

En su imposición sobre nuevas tendencias y modas pasajeras, el hard rock ha contado para su propagación con una red *ad hoc* de medios de comunicación y festivales. Revistas como *Bass Player*, *Guitar Player*, *Kerrang!*, *Metal Hammer*, *Popular 1*, *Q* o *Rock Hard*; cadenas de televisión como VH1 o MTV y una retahíla de festivales de los que destacan Reading & Leeds,

Rock am Ring, Pinkpop, Wacken Open Air, Download, Roskilde, Sweden Rock, Rock in Rio o Azkena, promueven a artistas y bandas de rock en todos los continentes, lo que sumado al soporte promocional de los medios, termina por inducir al público a mantenerlo con vida.

1. Orígenes

Entre las influencias primarias del hard rock se pueden citar estilos como el rock'n'roll, el blues, la psicodelia y el folk, mientras que, a su vez, ha sido simultáneo, afluyente o ascendiente de otros como el heavy metal, el rock sureño, el glam metal, el grunge o el stoner rock. En cuanto a su manantial sonoro, debemos remontarnos a bandas como Iron Butterfly o Steppenwolf, que en 1968 grabaron y publicaron, respectivamente, los temas «In-a-gadda-da-vida» y «Born to be wild».

Un año después, en 1969, se produciría la desafección definitiva entre la generación beat y las distintas tendencias dadas por la música vanguardista, a resultas de lo cual, y durante los siguientes años, el rock se fraccionaría en diversos estilos, debido tanto a la tecnología como a la ambición de una nueva oleada de músicos que exploraron el sendero abierto por la intuición de los Kinks, elementales por su canción de 1964 «You really got me», desarrollada sobre un poderoso *riff* ejecutado con una Harmony Meteor de 1962. La tradición asegura que durante la sesión de grabación rondaba por el estudio Jimmy Page. La deuda por la aportación de los Kinks al devenir de la música moderna sería en parte amortizada en 1978, cuando en su espléndido álbum de debut Van Halen grabaron su incendiaria versión del tema.

Además de los Kinks, podemos encontrar indicios primitivos del hard rock en los Yardbirds y los Who, grupos también británicos que tomaban referencias del blues y del rock'n'roll americano, haciendo prevalecer las guitarras sobre el resto de instrumentos mediante efectos como el *feedback* o el *fuzztone*. Difícil también de obviar la profética visión del guitarrista afroamericano Jimi Hendrix, que dio al rock tres discos tan fundamentales como *Are You Experienced?* (1967), *Axis: Bold as Love* (1967) y *Electric Ladyland* (1968). Al mismo año que vio la luz el último disco en estudio de Hendrix corresponden otras dos referencias primarias. Por un lado, y desde Gran Bretaña, el tema «Helter skelter», perteneciente a *The Beatles* o *Álbum*

Blanco de los Beatles, escrito por Paul McCartney; por otro, en América, Blue Cheer lanzaban su adaptación de «Summertime blues» (superando la ya de por sí arrolladora versión de los Who), original de Eddie Cochran que incluyeron en su magistral disco *Vincebus Eruptum*, mientras que Iron Butterfly hacían lo propio con «In-a-gadda-da-vida», incluída en el elepé del mismo título, y Steppenwolf publicaban en formato single uno de los grandes clásicos del rock, «Born to be wild», perteneciente al álbum de debut de la banda liderada por John Kay y que halló el éxito tras formar parte de la banda sonora del film *Easy Rider* (1969), siendo posteriormente versioneada por artistas de primera fila como Slayer, The Cult, Bruce Springsteen, Ozzy Osbourne o Blue Öyster Cult.

Ya en 1969 entrarían en escena Steve Marriott y Jimmy Page, ambos iniciados en el rhythm and blues británico y durante un tiempo miembros de bandas diseñadas por la industria pop, aunque cuando decidieron tomar las riendas de sus respectivas carreras se valieron de sus auténticas apetencias musicales. Al tiempo que los Led Zeppelin de Page y los Humble Pie de Marriott, aparecieron en Estados Unidos dos bandas mucho más extremas musicalmente, que convulsionarían el rock durante la siguiente década. La primera fue Motor City Five, o como habitualmente se les conoce a los de Detroit, MC5, indispensables por sus discos *Kick Out The Jams* (1969) y *Back In The USA* (1970); la otra banda fue Stooges, al frente de los cuales estaba Iggy Pop y a los que se atribuye la progenitura del punk, del que se aprecian indicios en sus álbumes *The Stooges* (1969) y *Fun House* (1970).

También hay que señalar que en la posterior evolución del hard rock resultó determinante el rock progresivo. Una de las primeras referencias en aparecer fue Nice, en la que militó el teclista Keith Emerson, quien poco después, junto al bajista Greg Lake (proveniente de los King Crimson de Robert Fripp) y el batería Carl Palmer (integrante de Atomic Rooster) formó Emerson, Lake & Palmer, uno de los máximos exponentes del rock sinfónico entre 1970 y 1974.

El empuje del cambio musical que se produjo en 1969 afectó en mayor o menor medida a la obra de dos grandes pesos pesados como Rolling Stones y Who, quienes aumentaron la contundencia de su sonido en discos tan imprescindibles como *Sticky Fingers* (1971) y *Exile on Main St* (1972), en el caso de los Stones, y *Live at Leeds* (1970), *Who's Next* (1971) y *Quadrophenia* (1973), en el del cuarteto liderado por Pete Townsend.

Pioneros...

Uno de los más avezados representantes e indiscutibles progenitores del hard rock fueron Led Zeppelin, cuarteto formado en Londres en el mes de julio de 1968 por el ya citado guitarrista Jimmy Page.

Con la sensibilidad del blues británico, que a principios de los años 60 habían introducido en Inglaterra Alexis Korner y Cyril Davis y popularizado artistas como Animals, Yardbirds, Spencer Davis Group o John Mayall, desde su primer elepé Led Zeppelin se establecieron como una de las piezas clave en la posterior desarrollo del hard rock. Sus seis primeras producciones —*Led Zeppelin* (1969), *II* (1969), *III* (1970), *IV* (1971), *Houses of the Holy* (1973) y *Physical Grafitti* (1975)— resultaron providenciales, por su impecable lucidez, amplitud y riqueza sonora y técnica instrumental. Dave Meniketti, voz y guitarra principal de Y&T, reconocería la influencia que sobre él tuvieron aquellos primeros álbumes de Led Zeppelin, pues eran «el cruce perfecto entre blues y rock. Tenían lo mejor de ambos mundos, el sentimiento del blues y la pasión y la fuerza del rock'n'roll».

Junto a la banda de Page, también hay que citar al otro gran e ineludible nombre del hard rock, Deep Purple, arribados al negocio discográfico en 1968 con *Shades of Deep Purple*, álbum que se debate entre reminiscencias del rock progresivo («Prelude: happiness», «I'm so glad», este último original de Cream —Clapton/Baker/Bruce—), el pop psicodélico (la popular «Hush», asimismo en línea con Cream) y la guitarra ejecutada a lo Hendrix («And the address», «Mandrake root»), resultando un disco imprescindible en la consolidación del hard rock.

Dos años después, ya con Ian Gillan y Roger Glover como miembros, Deep Purple obviaron las influencias y se convirtieron en «la influencia», gracias al colosal *In Rock*, seguido por otros tres soberbios discos en estudio, *Fireball* (1971), *Machine Head* (1972) y *Burn* (1974), este último ya con David Coverdale como vocalista y Glenn Hughes al bajo, más el doble *Made In Japan* (1972), uno de los más importantes álbumes en directo del rock.

... Discípulos...

No tardaron en aparecer, a ambos lados del océano Atlántico, secuaces de Led Zeppelin y Deep Purple que lograron forjar una trayectoria encomiable y que, al mismo tiempo, serían influencia de las nuevas formaciones del hard rock. De los propios Purple germinarían dos formaciones capitales como Rainbow, de la mano del guitarrista Ritchie Blackmore, y Whitesnake, iniciativa del cantante David Coverdale; bandas, eso sí, aparecidas después de iconos como Rush, Grand Funk Railroad y Humble Pie.

ooo

De la apacible Canadá surgió en 1968, y de la mano del bajista Geddy Lee y el guitarrista Alex Lifeson, el poderoso trío Rush, si bien no sería hasta 1974, cuando, aún con John Rutsey a la batería, la formación abriría su discografía con un elepé, homónimo, que recogía unas más que evidentes influencias de Led Zeppelin y Cream. No obstante, a partir del siguiente *Fly By Night* (1975), y con las letras fantásticas de Neil Peart, que había reemplazado a Rutsey, Rush se convertirían en los pioneros del hard rock progresivo, con títulos esenciales como *2112* (1976), *Permanent Waves* (1980) o *Moving Pictures* (1981).

Por su parte, Grand Funk Railroad, o «la banda de rock and roll más fuerte del mundo», formados también en 1968 en Flint, Michigan, irrumpieron con fuerza en el mercado norteamericano, al que, entre 1969 y 1973, saturaron con discos tan demoledores como *Grand Funk* (1970), *Closer to Home* (1970) y *We're An American Band* (1973), sin olvidar el directo *Live Album* (1970). Para hacerse una idea del potencial sonoro de los GFR baste decir que en 1971 Black Sabbath fueron teloneros suyos en los dos conciertos que ambas formaciones ofrecieron los días 23 y 24 de febrero en el Forum de Los Angeles, durante la primera visita del cuarteto británico a Estados Unidos con motivo del lanzamiento del su disco *Paranoid*.

Provenientes, respectivamente, de Small Faces, Herd y Spooky Tooth, Steve Marriott, Peter Frampton y Greg Ridley formaron Humble Pie en 1969, siendo publicitados por el periodista musical John Peel como la primera banda de heavy metal (¿?). En realidad, y hasta 1975, Humble Pie grabaron algunos de los títulos más valiosos del hard rock, de entre los que cabe destacar *As Safe As Yesterdays Is* (1969), *Town and Country* (1969), *Rock On* (1971) y, ya con Dave Clempson en substitución de Frampton, *Smokin'* (1972).

ooo

A renglón seguido de Humble Pie, Rush y Grand Funk Railroad llegaron los primeros trabajos de UFO, Uriah Heep, Wishbone Ash, Mountain, Bad

Company, Rainbow y Whitesnake, aunque en algunos casos su llegada al rock duro se produjo tras la necesaria búsqueda de un sonido propio.

Ese fue el caso de UFO, quienes tras publicar dos álbumes vinculados al rhythm and blues y la psicodelia, se decantaron por la contudencia sonora tras la incorporación del brillante guitarrista alemán Michael Schenker en el mes de junio de 1973. Con Schenker grabarían los imprescindibles *Phenomenon* (1973), que incluía los temas «Doctor doctor» y «Rock bottom», *Force It* (1975), *No Heavy Petting* (1976), *Lights Out* (1977) y *Obsession* (1978), además del soberbio disco en directo *Strangers in the Night* (1979). La partida de Schenker para encarrilar su carrera en solitario, tras episodios de rebeldía, cerró los años de gloria de UFO, a partir de entonces sumidos en una carrera irregular, aunque duradera en el tiempo.

De resonancias más eclécticas resultan Uriah Heep, quienes en los inicios de su carrera produjeron, de la mano del trío de talentos formado por los guitarristas Mick Box y Ken Hensley y el cantante David Byron, algunos álbumes de categoría como *Look At Yourself* (1971) y *Demons and Wizards* (1972) y, coincidiendo con el auge de la NWOBHM, *Abominog* (1982), ya con Box como único líder del grupo. Entre muchos capítulos de su larga trayectoria cabe mencionar que durante los años 70 otras grandes estrellas actuaron de teloneros suyos, como ZZ Top, Rush o Kiss.

La aportación de Wishbone Ash al hard rock es como referentes de las denominadas 'guitarras gemelas' (la armonización de dos guitarras de una misma melodía en terceras o quintas), poco después utilizada por Iron Maiden, Thin Lizzy o Judas Priest, y por la producción de dos discos ejemplares, *Pilgrimage* (1971) y *Argus* (1972).

En cuanto a Mountain, la banda encabezada por el guitarrista Leslie West, su participación en el Festival de Woodstock no debe despistar en lo concerniente a la deuda que el género tiene con ellos. La mejor definición de su sonido la podemos encontrar en su clásico «Mississippi Queen», tema que abría su obra maestra, el disco *Climbing!* (1970).

Por último, los británicos Bad Company son uno de los mejores exponentes de hard rock de la primera mitad de los años setenta, teniendo en sus filas a una de las mejores voces del estilo, Paul Rodgers, quien se había dado a conocer previamente en Free, otro referente que se había ganado a pulso una excelente reputación gracias a sus dos primeros discos, *Free* (1968) y *Fire and Water* (1970). Como suele suceder con las bandas surgidas en Gran Bretaña, Bad Company, que además de Rodgers llegaría a contar con Simon Kirke y Paul Kossoff entre sus filas (ambos exmiembros de Free), se pusieron como objetivo trinufar en Estados Unidos, para lo que contaron con el apoyo del representante de Led Zeppelin, Peter Grant. Inicialmente, las previsiones se hicieron realidad y los dos primeros álbumes de la banda, *Bad Company* (1974) y *Straight Shooter* (1975), consiguieron el primer puesto en Estados Unidos, gracias al empuje de los sencillos «Can't get enough», «Move on», «Feel like makin' love» y «Good lovin' gone bad». Pero durante la segunda mitad de la década, el desinterés por ellos del hombre que los hizo crecer, Grant, y el empuje de las nuevas tendencias, además de un altercado entre Boz Burrell y Mick Ralphs, bajista y guitarrista en aquel entonces de la banda, dieron al traste a la formación original de Bad Company.

... Y viejos amigos

Después de que en 1974 Ritchie Blackmore abandonase súbitamente Deep Purple, a comienzos de 1975 el guitarrista se trasladó a los estudios Musicland de Munich para grabar *Ritchie Blackmore's Rainbow* (1975), el primer álbum de su nuevo proyecto en solitario encubierto en forma de banda: Rainbow. Para esta nueva etapa, dirigida a la conquista del mercado estadounidense, contó con dos de los personajes más ilustres del rock, el cantante Ronnie James Dio (descrito por su sucesor en la banda, Graham Bonnet, como «el maestro de todos los que nos dedicamos a esto del hard rock y el heavy metal») y el batería Cozy Powell, quienes también aparecerían en los discos *Rising* (1976) y *Long Live Rock'n'Roll* (1978), plétorico e indispensable material sonoro para entender hoy en día el hard rock de los años setenta.

Tras la marcha en 1979 de Dio a Black Sabbath, en substitución de Ozzy Osbourne, Blackmore contó efímeramente con otro gran vocalista, Graham Bonnet, que entró en la banda por mediación de Roger Glover (quien por entonces acababa de producir el primer disco de Whitesnake). Pero con Bonnet tan solo grabaría *Down to Earth* (1979), otro clásico de la discografía de Rainbow. Bonnet (descrito por Joe Lynn Turner, posteriormente también vocalista de Rainbow, como «el tío más cool del rock, un caballero, único en su especie»), abandonó la formación acto seguido de la salida del batería Cozy Powell tras la actuación de Rainbow en el primer festival Monsters of Rock, y Blackmore reclutó al norteamericano Joe Lynn Turner y al exPurple Roger Glover como bajista, con los que Rainbow mantendrían el tipo frente a las hordas de la New Wave of British Heavy Metal durante la primera mitad de los años ochenta, publicando dos nuevos títulos encomiables, *Difficult to Cure* (1981) y *Straight Between the Eyes* (1982). Pero la tentadora oferta para reunir a los Deep Purple originales y el decreciente éxito comercial de Rainbow tras *Bent Out of Shape* (1983) hizo que Blackmore aparcase su banda personal durante nueve largos años, retomándola fugazmente entre 1993 y 1997, aunque sin la repercusión que merecía su apasionante repertorio.

Más éxitosa y más longeva ha resultado la banda de David Coverdale, Whitesnake, una formación aún en activo en la actualidad, que nació tras los dubitativos pasos del vocalista fuera de Deep Purple, que le llevaron a probar fortuna como *frontman* de Uriah Heep, tal y como recordaba el guitarrista de esta formación, Mick Box: «Vino a un ensayo, acompañado de una botella de Remy Martin —coñac francés de prestigio en Europa (N. del A.)—. Es un cantante realmente genial y un tío encantador. Habría encajado muy bien con nosotros y así se lo dijimos, pero él continuó persiguiendo su sueño, su propia banda».

A lo largo de su vasta trayectoria, Whitesnake han atravesado tres etapas musicales. La primera, de 1978 hasta 1984, el período británico, la forman media docena de exquisitos álbumes —*Trouble* (1978), *Lovehunter* (1979), *Ready an' Willing* (1980), *Come an' Get It* (1981), *Saints & Sinners* (1982) y *Slide it In* (1984)—, en la mayoría de los cuales participaron los guitarristas Micky Moody y Bernie Marsden y el bajista Neil Murray y cuyo sonido bebe del rythm and blues inglés.

Después, tras unos pocos años de transición, en los que contó con John Sykes como 'consigliere', Coverdale se lanzó al mercado estadounidense, con una formación de lujo, integrada por Vivian Campbell y Adrian Vanderberg a las guitarras, Rudy Sarzo al bajo y Tommy Aldridge a la batería. La jugada, celosamente planeada (imagen glamurosa que llevó al quinteto a formar parte del glam metal y canciones con producción equidistante entre lo artístico y lo comercial), fue un éxito absoluto, pues del primer disco de esta segunda etapa, *Whitesnake* (1987), se llevan vendidas hasta el momento más de ocho millones de copias tan solo en Estados Unidos.

En la conquista definitiva de Estados Unidos de Coverdale/Whitesnake fue decisivo el interés del poderoso ejecutivo discográfico John Kalodner, tal y como revelaría Neil Murray: «Whitesnake tenía la necesidad de convertirse en un grupo como los que estaban triufando en Estados Unidos a mediados de los años ochenta. La idea de Geffen era que Whitesnake ocupara el vacío dejado por Led Zeppelin. Querían convertirlos en un grupo muy, muy poderoso que fuera lo máximo en todos los aspectos. John Kalodner no quería personas mayores en el grupo, gente que tuviera barba, bigote o sobrepeso. La imagen se había convertido en algo muy importante. John Sykes tenía una imagen fantástica y Cozy Powell —que rechazó la oferta de Graham Bonnet de unirse a Alcatrazz por la suntuosa oferta económica de Coverdale, (N. del A.)— se veía bien. Yo tenía un pase. Éramos un grupo que gustábamos a la MTV, y es curioso, porque antes ni nos miraban. Musicalmente, estábamos evolucionando. Sykes convirtió a Whitesnake en un grupo de heavy rock».

Dos años después, y subiendo su particular apuesta americana, Coverdale fichó al galáctico Steve Vai (antes al servicio de Frank Zappa, Graham Bonnet en Alcatrazz y David Lee Roth), pero el disco *Slip of the Tongue* (1989) se quedó a la mitad del camino recorrido por su predecesor, provocando un paulatino repliegue que terminaría con la temporal disolución de Whitesnake en 1997. No osbtante, tras replantearse el futuro, Coverdale regresó al panorama musical en 2002, año que se abriría la tercera y última etapa de su banda, acompañado por los guitarristas Doug Aldrich y Reb Beach, con los que ha publicado dos álbumes, *Good to be Bad* (2008) y *Nevermore* (2011), que estilísticamente resultan un *déjà vu* de sus épocas de R&B y glam metal.

Otros manufactureros de los años setenta

Contemporáneos de todas estas formaciones de hard rock hay que citar algunas entonces nuevas promesas que con el paso del tiempo acabarían convirtiéndose en referentes elementales y a las que hay que añadir el incentivo de haberse formado al margen de los núcleos del negocio musical, es decir Londres, Nueva York y Los Angeles. Nos referimos a los irlandeses Thin Lizzy y Rory Gallagher y a los escoceses Nazareth.

Los primeros produjeron una notable discografía que giró en torno a su malogrado líder, Phil Lynott, que se sirvió para el esplendor de sus canciones, colmadas de prosaicas alusiones de lo cotidiano, con los duetos de guitarra —las 'guitarras gemelas—, interpretados por Brian Robertson y Scott Gorham. En la práctica, el talento de los irlandeses se tradujo en varios discos aclamados tanto por la prensa especializada como por el público, como *Fighting* (1975), *Jailbreak* (1976), *Johnny the Fox* (1976), *Bad Reputation* (1977) y *Black Rose* (1979), en los que se daba cabida tanto al hard rock como a elaboradas baladas.

En cuanto a su compatriota, el tristemente desaparecido Rory Gallagher, cualquier reconocimiento que se le haga es poco. Íntegro humana y musicalmente, enamorado del blues, virtuoso de las seis cuerdas y hábil combinador de estilos sin perder el rumbo del suyo propio, Gallagher bendijo los oídos de los seguidores del rock con una retahíla de discos ejemplares de los que destacan *Deuce* (1971), *Tattoo* (1973), *Blueprint* (1973), *Calling Card* (1976) y *Jinx* (1982) como discos de estudio y *Live In Europe* (1972) e *Irish Tour* (1974) como grabaciones en directo. Dicho de otro modo: cualquier guitarrista que se precie, al margen del estilo que elija para encauzar su carrera, debería empaparse de la obra de este irlandés bonachón y talentoso.

Precisamente, el máximo hito musical de Nazareth, poseedores de una de los vocalistas más soberbios, y también menos reivindicado, del rock, Dan McCafferty, fue la balada *Love hurts*, escrita por Boudleaux Bryant e interpretada anteriormente por, entre otros, Everly Brothers y Gram Parsons, y de la que los escoceses grabaron su propia versión para incluirla en el álbum *Hair of the Dog* (1975), cresta de su producción discográfica, junto a *Razamanaz* (1973) y *Loud'N'Proud* (1974), títulos de audición obligada.

ooo

Cerrando el capítulo de algunos de los grandes nombres del hard rock surgidos en los años 70 se deben citar tres bandas que lograron o bien el beneplácito de la crítica, o bien el del público o incluso el de ambos.

Liderados por el carismático Freddie Mercury, seguido a la zaga por los no menos talentosos Brian May, Roger Taylor y John Deacon, Queen, con su rock henchido de coros imposibles y guitarras refinadas, enseñaron a coetáneos y futuras generaciones de músicos a desentenderse de los estrictos cánones del rock duro. De esa manera surgió una obra maestra como *A Night at the Opera* (1975), que incluye uno de los grandes temas del rock, *Bohemian rhapsody*, acompañada en la discografía del cuarteto británico por otros títulos tan relevantes como *Sheer Heart Attack* (1974), *A Day at the Races* (1976) o *News of the World* (1977). Es evidente que la discografía de Queen resulta inevitable para cualquier seguidor de rock en buena parte debido al liderazgo de Freddie Mercury, hábil compositor y dotado de una voz que ha hecho escuela. El cantante Jeff Scott Soto, cuyo curriculum cuenta su paso por Journey y la banda de Yngwie Malsmteen, diría del malogrado vocalista británico: «Era el rey, sabía cómo hacer que un estadio con ochenta mil personas se sintiera parte del espectáculo, desde los de la primera fila hasta los de la última, y eso es algo muy difícil, solo al alcance de genios como él». Por su parte, Gene Simmons, bajista de Kiss, reconocería que Queen «han hecho más por ampliar el concepto de lo que se entiende por rock'n'roll que ninguna otra banda, si exceptuamos a los Beatles».

Precisamente desde Estados Unidos llegaron en aquel entonces los mejores trabajos de los bostonianos Aerosmith y los neoyorquinos Kiss. A los primeros se les tachó en sus inicios de ser la respuesta americana a los Rolling Stones, aunque con sus discos *Get Your Wings* (1974), *Toys in the Attic* (1975) y *Rocks* (1976), basados en las composiciones de su cantante, Steven Tyler, y su primer guitarra, Joe Perry, demostraron con creces poseer una identidad distintiva, tan resoluta que sería la precursora del sleazy rock, radiante durante la segunda mitad de los años 80.

Mucho más vapuleados por los medios fueron Kiss, quienes en torno a una imaginería visual y escénica sin igual, para la que tomaron prestados elementos tanto de Alice Cooper como de los New York Dolls, lograron ser una de las formaciones de rock de mayor éxito en Estados Unidos. En cuanto a su discografía, solo el paso del tiempo ha hecho posible que se reconozca el mérito de algunos de sus producciones en estudio, como *Kiss* (1973), *Dressed to Kill* (1975), *Destroyer* (1976) o *Rock and Roll Over* (1976), así como el de su cuestionado álbum en directo *Alive!* (1975). Posteriormente, en la década de los 80, Kiss mantendrían su carrera gracias a dos de sus mejores trabajos, *Creatures of the Night* (1983) y, abriendo su etapa sin maquillaje, *Lick it Up* (1984), en los que resultó propicia la contribución del guitarrista Vinnie Vincent.

2. Caminos en paralelo

En su ejecución, el hard rock es un descendiente espontáneo de los esquemas previamente propuestos por el blues. No es un estilo inerte y contraído; al contrario, desde su aparición en la segunda mitad de los años 60 ha evolucionado y se ha visto enriquecido mediante las innovadoras y diversas ópticas de los nuevos artistas. Como las grandes corrientes artísticas y musicales, el hard rock podría dar lugar a un sinfín de referencias, una vez asimilados estilos tan dispares como el rock'n'roll, el blues o el garage.

Incluso un género tan tradicional y autóctono como la música country se vio inmiscuida en los años 70 con las incipientes propuestas del rock, dando lugar al denominado southern rock o rock sureño.

A continución se repasan las variantes más prominentes a las que ha dado cobijo el hard rock.

Southern Rock / Rock sureño

Decir «rock sureño» es como decir «rock rock».
Gregg Allman

Los orígenes del rock sureño se encuentran tanto en la década de 1950 y el estallido del rock'n'roll como en la aparición durante la década siguiente del folk rock y la corriente denominada 'sonido Nashville', una revisión en clave de rock sobre la tradicional música country. A priori, de este bagaje sacaron provecho dos bandas tan tremendamente relevantes como la Creedence Clearwater Revival y los canadienses The Band, eternos acompañantes de lujo de Bob Dylan. No obstante, fue en los años 70 cuando la tradición y las nuevas tendencias más progresivas dieron lugar al rock sureño, cuyos abanderados fueron el triunvirato formado por Allman Brothers, Lynyrd Skynyrd y ZZ Top.

De los tres, los primeros, aparecidos en 1969, se ganaron rápidamente un puesto en el panorama musical gracias a una refrescante e inteligente combinación de blues, country, folk y ciertos aires jazzys que les han valido el estar considerados como formación pináculo del estilo, con una discografía impecable —hasta la fatal desaparición de su líder natural, el guitarrista Duane Allman en 1971— que incluye los álbumes en estudio *The Allman Brothers Band* (1969), *Idlewild South* (1970) y *Eat a Peach* (1972), así como el inolvidable directo *At Fillmore East* (1971). Sin Duane, su hermano Gregg mantendría la banda a flote hasta 1981, publicando media docena de discos irregulares, reuniéndola de nuevo en los años 90 con el propósito, absolutamente conseguido, de lustrar y honrar el legado de su hermano fallecido.

Otros que lograron honrar profusamente el southern rock fueron Lynyrd Skynyrd, ejemplificando de paso en sus comienzos el prototipo de banda de excesos. No obstante, junto a su prestancia feroz, el septeto de Jacksonville pergeñó dos álbumes joyas del rock: *(Pronounced 'leh-'nérd 'skin-'nerd)* (1973) y *Second Helping* (1974), en los que atesoraron, respectivamente, dos gemas musicales, «Free bird» y «Sweet home Alabama». Pero al igual que la muerte de Duane finiquitó el espíritu original, que no el ímpetu, de la Allman Brothers Band, los Skynyrd sufrieron un accidente de aviación en 1977 que cercenó su proyección y tras las fatídicas pérdidas del cantante Ronnie Van Zant y del guitarrista Steve Gaines el resto de miembros decidieron disolver la banda, si bien diez años después reanudarían su carrera, de menor calado en cuanto a un nuevo cancionero pero de resultados impagables sobre los escenarios estadounidenses.

Aunque podrían nombrarse a otras formaciones de consideración, como Rossington Collins Band, Molly Hatchet, Little Feat, Charlie Daniels Band, Marshall Tucker Band, Black Oak Arkansas o 38 Special, algunas de éstas aún en activo, y, ya más recientemente, a Georgia Satellites, Jackyl, Gov'T Mule, Widesprean Panic, Black Crowes o Brothers Brooks, cerrando el repaso a las grandes bandas sureñas se debe citar a ZZ Top, trío de peculiar contraste discográfico, puesto que si sus títulos más 'puristas' corresponden a los años 70, con discos cardinales como *Tres Hombres* (1973), *Fandango* (1975) y *Degüello* (1979), su notoriedad llegó en los años 80, gracias a la adaptación comercial de su música a través del álbum *Eliminator* (1983), así como a una serie de hits que coparon las listas de éxitos norteamericanas entre 1985 y 1994, y entre las que se encuentran canciones como «Stages», «Sleeping bag», «My head is in Mississippi», «Doubleback», «Concrete and steel» o «Pincushion».

AOR

Me dijeron muchas veces que mi rock'n'roll no era comercial,
que con esa música no vendería discos.
Tom Scholz

El AOR (Adult Oriented Rock), aglutinó durante la segunda mitad de los años 70 y principios de los años 80 una serie de bandas estadounidenses que combinaron el hard rock clásico y la ambición por copar los primeros puestos de las listas de éxitos y los programas de las principales emisoras de radio de frecuencia modulada. Dicho de otra manera: rock *mainstream* para el consumo del que hicieron su bandera formaciones como Cheap Trick, Styx, Boston, Journey, Foreigner, REO Speedwagon o Bon Jovi.

El AOR reinó con autoridad durante un lustro en Estados Unidos, y por tanto en el resto del mundo, compartiendo la atención del público con las hornadas de bandas de heavy y glam metal, aunque también sucumbiendo con éstas ante la aparición del sleazy rock una vez llegado el relevo de la generación encabezada por Guns N' Roses a finales de los años 80.

El AOR resultó un fenómeno intrínseco en Estados Unidos, puesto que mientras que en Gran Bretaña el mercado ofrecía una divergencia ecuánime entre artistas de heavy metal y new wave, el otro lado del Atlántico se sumió en una impermeabididad sonora que reunió una diversidad de estilos que confluyeron en la habilidad técnica y cierta analogía en cuanto a producción, elementos en pos del éxito comercial y la congregación de una ingente cantidad de público en grandes recintos.

Muchos críticos consideran al AOR como una prueba del anquilosamiento en la propuesta musical estadounidense frente a la más bulliciosa y efervescente de la británica. Para algunos, la bandas americanas, aún con talento contrastado, se tornaron acomodaticias. No obstante, entre finales de los años 70 y comienzos de los 80 aparecieron álbumes tan definitivos como *Point of No Return* de Kansas, de un sonido más propio de las bandas progresivas británicas; *At Budokan* de Cheap Trick, ejemplar conjunción de hard rock y melodías *beatle*; *Paradise Theater* de Styx, botón de muestra del hard rock americano, y, como remate, dos títulos que responden al tándem formado por cantante y guitarrista de lujo: *Escape* de Journey, uno de los seis títulos capitales resultados del talento del guitarrista Neal Schon y de la voz incomparable de Steve Perry, y *4* de Foreigner, pináculo de la discografía forjada por la voz de Lou Gramm y las seis cuerdas de Mick Jones.

ooo

De las múltiples referencias del AOR americano destaca por encima del resto la de Journey, formados en 1973 en San Francisco, pero que empezaron su excepcional singladura en 1978 una vez entró a formar parte de ellos el cantante Steve Perry, a instancias del representante de la banda, Herbie Herbert, y del sello CBS. La unión entre la voz de Perry y la guitarra de Neal Schon, columna vertebral de Journey, se certificó tras componer entre ambos, en cinco minutos, la canción «Patiently». A partir de ese momento, Journey grabarían cinco álbumes considerados como parte del memorando básico del rock de finales de los años 70 y principios de los 80: *Infinity* (1978), *Evolution* (1979), *Departure* (1980), *Escape* (1981) y *Frontiers* (1983). Obras que forman parte del sonido de una época y de los que saldrían cuatro temas Top 10: «Who's crying now», «Don't stop believin'», «Open arms» y «Separate ways».

A la zaga de Journey se sitúan Cheap Trick y Boston, grupos constituidos en la primera mitad de los años 70, que coparon también las lista de éxitos de medio mundo en la segunda mitad de esa misma década y que, al igual que Journey, continúan en activo hoy en día.

Los primeros, la banda de Chicago liderada por el cantante Robin Zander y el guiatrrista Rick Nielsen, se caracterizan por una sonoridad netamente americana, aunque en deuda con el legado de los Beatles, de los que en 2007 llegaron a interpretar al completo en directo el álbum *Sgt. Pepper's Lonely Heart Club Band*, en una serie de conciertos que ofrecieron en la sala de conciertos del hotel Hilton de Las Vegas.

El epicentro de su discografía, escasamente reconocida en Europa, se sitúa en sus primeros títulos, publicados entre 1977 y 1979, que incluyen las producciones en estudio *In Color* (1977), *Cheap Trick* (1977), *Heaven Tonight* (1978) y *Dream Police* (1979), realizadas por George Martin, sempiterno productor de los Beatles, así como el directo *Live at the Budokan* (1979), del que se extraería su mega-hit *I want you to want me*. No obstante, entre sus más recientes trabajos debe destacarse *Rockford* (2006), vademécum de melodía pop y cadencias rock.

Por su parte, Boston resultan uno de los casos más pecualiares del rock, debido a la parsimonia en publicar nuevos trabajos por parte de su *alma mater*, el guitarrista, compositor y antiguo ingeniero de la empresa Polaroid Tom Scholz.

De ahí que en cuarenta años la discografía de la banda se reduzca a tan solo seis álbumes (grabados en el propio estudio de Scholz), de los que resultan imprescindibles los tres primeros: *Boston* (1976), que permaneció en el Top 5 americano durante más de un año, llevándose vendidas hasta la fecha diecisiete millones de unidades tan solo en Estados Unidos, y del que fue un éxito el clásico «More than a feeling»; *Don't Look Back* (1978), que tuvo unos pedidos anticipados de dos millones de copias, y *Third Stage* (1986), con cinco millones de ejemplares vendidos en Estados Unidos.

Boston fueron un absoluto éxito intergeneracional debido a la obstinación de Scholz, que en sus comienzos ignoró la opinión de «los expertos en el negocio de la música», quienes «me habían dicho muchas veces que mi rock'n'roll no era comercial, que con esa música no vendería discos». Scholz tampoco hizo caso a los mismos gurús que le desaconsejaron actuar en el Madison Square Garden en la primera visita de Boston a Nueva York: «Afortunadamente, el público era mucho más abierto de miras y obtuvimos una respuesta increíble».

La Nueva Ola del Heavy Metal Británico

La gente habla de power metal, classic metal, death metal, black metal…
Cuando alguien nos pregunta que qué hacemos nosotros le digo:
«Somos los putos Iron Maiden».
Bruce Dickinson

A principios de los años 80, el hard rock vio como los nuevos músicos británicos extremaron su sonoridad, creando un fenómeno acorde a los tiempos: la New Wave Of British Heavy Metal (NWOBHM, en castellano Nueva Ola del Heavy Metal Británico).

El caldo de cultivo de la NWOBHM emergió a finales de la segunda mitad de los años setenta, teniendo como núcleo The Bandwagon, un pub de Kingsbury, un pequeño distrito situado al noroeste de Londres (del que son originarios el batería de los Rolling Stones, Charlie Watts, y el bajista de Yes,

Chris Squire), que en el año 1975 reorientó su oferta musical autoproclamándose «la única discoteca de heavy rock de Londres» y atrayendo, de esta manera, a seguidores de Black Sabbath, Led Zeppelin, Rush y Thin Lizzy en unos tiempos en el que el negocio discográfico apostaba básicamente por el punk.

A instancias de su pinchadiscos Neal Kay, The Bandwagon, en pos de su cruzada metálica, amparó a grupos desconocidos, llegando a presentar a unos noveles AC/DC, que interpretaban rock'n'roll de alto voltaje. Pero la llegada del quinteto australiano a Londres en 1976 coincidió con el génesis de la New Wave Of British Heavy Metal, por lo que sus primeras actuaciones en la capital del Támesis fueron en recintos como el Hammersmith Odeon o el Lyceum, sin olvidar su participación en el histórico Festival de Reading, donde coincidieron con Ted Nugent, Rory Gallagher y Black Oak Arkansas.

AC/DC estaban llamados a lograr el éxito, a pesar de la inesperada pérdida de su primer cantante, Bon Scott, fallecido el 20 de febrero de 1980, circunstancia que a punto estuvo de disolverlos. No obstante, los hermanos Young encontraron el reemplazo perfecto en el británico Brian Johnson, (proveniente de los glamrockeros Geordie), que se estrenó aquel mismo fatídico año con el gran álbum clásico *Back in Black*.

ooo

La programación de The Bandwagon llamó la atención de Geoff Barton, editor de la revista *Sounds* (más tarde lo sería de *Kerrang!* y de *Classic Rock*), que siguió de cerca a todas aquellas bandas novatas y para las que estableció el término 'New Wave Of British Heavy Metal', el cual apareció impreso por primera vez en el número de mayo de 1979. Nueve meses después aparecería el doble álbum *Metal for Muthas*, grabación colectiva que el sello Sanctuary Records encargó a Neal Kay y en la que participaron grupos que habían actuado previamente en The Bandwagon.

1980 sería el primer año de la New Wave Of British Heavy Metal, inaugurada mediante la publicación de discos como *Britisth Steel*, de Judas Priest; *Lightning to the Nations*, de Diamond Head; *Back in Black*, de AC/DC; *Ace of Spades*, de Motörhead; *Wheels of Steel* y *Strong Arm of the Law*, de Saxon; *Heaven and Hell*, de Black Sabbath y, desde Estados Unidos, *Blizzard of Ozz*, de Ozzy Osbourne, al mismo tiempo que desde todos los rincones de Gran Bretaña surgían nuevas promesas, de las que solo algunas, como Def

Leppard, originarios de Sheffield, conseguirían despuntar e incluso convertirse en grandes estrellas del hard rock, siendo una de los pocos grupos británicos que en los años 80 lograron el éxito en Estados Unidos, a cuyo mercado musical accedieron modestamente con el disco *High 'n' Dry* (1981) y en el que serían aceptados con el siguiente *Pyromania* (1984), gracias al interés que la cadena de televisión MTV mostró por su single *Photograph*. Tres años después, Def Leppard conseguirían el estatus de superestrellas gracias a su cuarto álbum, *Hysteria*, del que en la actualidad se llevan vendidas más de veinte millones de copias en todo el mundo.

El éxito de Def Leppard al otro lado del océano no sorprendió a los más intransigentes seguidores británicos del heavy metal, que los percibían como unos 'vendidos'. La banda, no obstante, siempre tuvo claro que sus miras iban más allá del fenómeno heavy metal: «Recuerdo que no quería ser parte de eso —declararía Joe Elliot, cantante de los Leppard—. Quería que se nos relacionase con Led Zeppelin, los Who, los Kinks, los Stones, los Beatles, Pink Floyd... las bandas que habían tenido éxito mundial».

Glam Metal, el género bastardo

Todas aquellas bandas eran nuestra némesis. Éramos sucios seguidores de Motörhead y ellos unos niñatos amanerados. Pero íbamos a algunos de sus conciertos, porque allí estaban las chicas.

Gary Holt (Exodus)

La década de los años 80 fue el período cumbre del hard rock. A ambos lados del océano Atlántico, y en el caso de Europa en toda su extensión política y económica más desarrollada, el rock duro captó la atención del público, de los medios de comunicación y de las listas de ventas discográficas, gracias a que la oferta de artistas se adecuó al *mainstream*. Además, la propuesta europea fue más contundente en cuanto a sonido que la norteamericana, que tuvo más en cuenta la comercialidad, empeño que dio lugar a un subestilo propio, el glam metal, también conocido como 'hair metal', por los imposibles peinados crepados de las bandas que lo representaron.

El glam metal combinaba elementos del hard rock clásico y del entonces más reciente heavy metal, mientras que visualmente, y de ahí la nueva acuñación del vocablo 'glam', parecía rescatar la estética del glam rock de la primera mitad de los años 70, protagonizado por David Bowie y Marc Bolan. Imagen y frescura musical cuya intención no era otra que presentar canciones pegadizas en busca de ventas millonarias, conseguidas mediante los videoclips emitidos por la omnipresente y todopoderosa cadena de televisión MTV.

Dos de las grabaciones paradigmáticas de aquella época fueron *Slippery When Wet* (1986), de Bon Jovi, y *Appetite for Destruction* (1987), de Guns N' Roses, títulos que en la actualidad llegan a unas ventas internacionales de casi treinta millones de copias. Pero también marcaron el tempo artistas como Quiet Riot, Dokken, Night Ranger, Twisted Sister, Mötley Crüe, Ratt, WASP, Poison, White Lion, Warrant..., aunque todos tras la estela de los pioneros Van Halen.

ooo

In the lap of the gods... Van Halen fueron los primeros protagonistas del hard rock estadounidense. Sobre una sección rítmica infalible formada por el bajista Michael Anthony y el batería Alex Van Halen, revolotearon en su época dorada, de 1978 a 1985, los talentos naturales de David Lee Roth, cantante y *frontman* irrepetible, y Eddie Van Halen, uno de los más grandes guitarristas de todos los tiempos, que dejó claro su marchamo con la instrumental *Eruption*, segundo corte del disco de debut de los californianos, *Van Halen* (1978), y origen de una nueva era para la guitarra rock gracias a la técnica del *tapping* (mediante la cual los dedos de la mano derecha percuten en las cuerdas de guitarra o bajo contra el mástil del instrumento, permitiendo una rápida digitación de la mano izquierda). Sobre Van Halen, el soberbio guitarrista George Lynch, durante años miembro de Dokken, reconocería: «Eran impresionantes, daban miedo. Cuando los otros guitarristas teníamos que tocar con Eddie nos moríamos de miedo. Yo me quedaba destrozado». Por su parte, Nikki Sixx, de Mötley Crüe, corroboraría sobre la aportación inicial de la banda de los hermanos Van Halen a la escena musical de Los Angeles: «Fueron los primeros en encender la mecha, tomaron como referencia el hard rock de los 70 para introducirlo en los 80. Después les seguimos todos».

Como auténticas estrellas glamurosas, los Van Halen liderados por Roth fueron la condensación perfecta del rock, con fiestas salvajes y mujeres de ensueño, algazara que, sin embargo, corrió en paralelo a una serie de discos que aglutinaban la técnica y el gusto por la composición de canciones atractivas y radiables, como *Van Halen* (1978), *Van Halen II* (1979), *Women and Children First* (1980), *Fair Wairning* (1981), *Diver Down* (1982) y *1984* (1984).

Pero con la marcha de Roth en 1985, Van Halen perderían su aura, a pesar de contar con el gran Sammy Hagar y, brevemente, con Gary Cherone, este totalmente fuera de lugar. La largamente añorada reunión de la formación original se produjo en 2007 (aunque sin Michael Anthony al bajo, reemplazado impíamente por el hijo de Eddie, Wolfgang), dando pie a un par de giras por Estados Unidos y la publicación, en 2012, de un nuevo disco en estudio, el encomiable *A Different Kind of Truth*, así como la del directo *Tokyo Dome Live in Concert*, aparecido a finales del mes de marzo de 2015 y testimonio del concierto que el cuarteto había ofrecido en el Tokyo Dome en el mes de junio de 2013. Documentos ambos que daban lustre a la trayectoria de la que en una ocasión llegó a ser la banda más grande de Estados Unidos.

El glam metal fue la proyección exacerbada del ya de por si calavera lema «sexo, drogas y rock'n'roll», teniendo su núcleo germinal en Sunset Strip, en West Hollywood, bajo el sonido de bandas como Mötley Crüe y Quiet Riot. Su modesta réplica británica la acogieron bandas como Tigertailz, Brain Donor o Wrathchild, y aunque estos últimos llegaron a telonear a WASP en 1984, ninguna formación de la Pérfida Albión llegaría a alcanzar la notoriedad de sus coetáneos angelinos.

A principios de los años 80, el centro musical pivotó de San Francisco a Los Angeles, tal y como recordaba Dave Meniketti, guitarrista y líder de Y&T: «En San Francisco hubo una gran escena en los 70, pero no podía competir con L.A. Si querías llegar a ser alguien tenían que conocerte allí, tenías que moverte por la ciudad… En 1980 llegabas a L.A., decías que tenías una banda y fácilmente conseguías un contrato discográfico. Invertían en ti y en tu música, te promocionaban, pagaban anuncios…».

Los escenarios de clubs como Whiskey a Go Go, Roxy, Starwood, Rainbow Grill & Bar, Gazzari, Troubadour, Viper Room, Pandora's Box o London Fog, se perpetuaron en la tradición de acoger algunas de las mejores bandas de rock del país, que llegaban a Los Angeles a la búsqueda de su oportunidad y la plétora de jóvenes músicos hizo que entre ellos surgiesen nexos de amistad de los que fueron testigo, por ejemplo, las paredes del Rainbow Bar & Grill, frecuentado por Mötley Crüe, Poison o Guns N' Roses (estos últimos rodaron en el susodicho local algunos fragmentos de sus videoclips «November rain», «Estranged» y «Don't cry»).

ººº

El glam metal fue tremendamente popular por los constantes reemplazos que hubo en sus filas, aunque se considera que el movimiento tuvo dos hornadas, la primera de las cuales, establecida entre 1983 y 1985, incluyó grupos como Quiet Riot, Dokken, Twisted Sister o Ratt, quienes, respectivamente, nos delelitaron con discos como *Metal Health* (1983), *Under Lock and Key* (1985), *Stay Hungry* (1984) y *Out of the Cellar* (1984).

Pero los grandes herederos de la corona del Sunset Strip, previamente en manos de Van Halen, fueron Mötley Crüe, cumplidores a rajatabla de los cánones roqueros de la decadencia. Mientras otras bandas se dedicaban a engrandecer pequeñas anécdotas, Mötley Crüe llevaron sus vidas hasta los límites imaginables, muchos de los cuales aparecen recogidos en su autobiografía *Los Trapos Sucios* (Es Pop Ediciones, 2013). Pero Vince Neil, Nikki Sixx, Tommy Lee y Mick Mars también fueron capaces de manufacturar discos tan recomendables como *Too Fast for Love* (1981), *Shout at the Devil* (1983) o *Dr. Feelgood* (1989), con los que consiguieron tal influencia en la industria musical norteamericana como para que la cadena de televisión MTV se viese obligada, en el verano de 1985, a establecer la denominada «regla Crüe», según la cual la cadena bloqueaba el predominio de las bandas de rock duro en las peticiones de sus espectadores.

Mötley Crüe son un ejemplo del sueño americano en clave de hard rock. Cuatro forajidos que de la nada lograron el éxito masivo, como bien recordaba su bajista Nikki Sixx: «Ninguno de nosotros se graduó en la *high school*, pero logramos montar nuestro propio sello y distribuir nuestro primer disco. Ninguna discográfica de Los Angeles apostaba nada por nosotros, pero terminamos vendiendo cuarenta mil copias de *Too Fast for Love* y eso catapultó nuestra carrera.»

Sleazy Rock

Entre 1986 y 1991, Sunset Strip vivió la segunda remesa de bandas de hard rock, sobradamente capitaneada por Guns N' Roses, prototipo de la escena angelina. Geniales y bravucones, pero también ingenuos y frágiles, Axl Rose, Slash, Izzy Stradlin, Duff McKagan y Steven Adler revolucionaron la escena musical internacional con su primer y magistral disco, *Appetite for Destruction* (1987), introductor del sleazy rock, seguido por dos dobles álbumes, *Use Your Illusion I* y *Use Your Illusion II*, publicados ambos en 1991 y testimonio de la asombrosa rapidez con la que el quinteto había madurado musicalmente, y razón para erigirlos en herederos directos de los Rolling Stones.

Pero, paradójicamente, la mastodóntica gira *Use Your Illusion* fue la tumba del grupo, que poco a poco fue disolviéndose por los arbitrarios criterios de Axl Rose. Así, desde mediados de los años 90, Guns N'Roses son en realidad el alter ego artístico del vocalista, cuya inestabilidad emocional le valdría el apodo de «Howard Hughes del rock» y retrasar diecisiete años la publicación del siguiente disco, *Chinese Democracy* (2008).

● ● ●

Tras el éxito de Guns N' Roses, a finales de los años 80, Faster Pussycat y L.A. Guns se sumaron a la escena sleazy rock, con la publicación de álbumes tan imprescindibles como *Faster Pussycat* (1987) y *Cocked & Loaded* (1989). Al mismo tiempo, el sleazy rock tuvo su reverberación británica mediante Dogs D'Amour y Quireboys. De estos, los primeros propusieron una imaginería particular a cargo de su cantante y principal compositor, Tyla, que muchos han visto a rebufo de la obra del escritor Charles Bukowski, con discos tan recomendables como *In the Dynamite Jet Saloon* (1988) o *Straight??!!* (1990), mientras que Quireboys se convirtieron en un grupo de èxito con su primer álbum, *A Bit of What You Fancy* (1990), siendo barridos injustamente meses después por el huracán grunge.

Fuera del circuito de clubs de Sunset Strip también hay que citar a bandas de la talla de Bon Jovi y Skid Row, ambas de Nueva Jersey; Cinderella, de Filadelfia, y Tesla, de California, autores todos ellos de discos brillantes como *Slippery When Wet* (1986), *Skid Row* (1989), *Long Cold Winter* (1988) y *Mechanical Resonance* (1986) y, en mayor o menor medida, reivindicados en la actualidad por su indiscutible aportación.

A ese mismo período corresponde el monumental éxito de tres formaciones de origen inglés: los reformados Whitesnake de David Coverdale, que de su álbum *1987* vendieron más de ocho millones de copias en Estados Unidos y del que fueron hits los temas «Here I go again» e «Is this love»; The Cult, liderados por el cantante Ian Astbury y el guitarrsita Bill Duffy, que en aquel mismo 1987 obtuvieron el beneplácito de la crítica y del público internacional con su álbum *Electric*, un refrescante e ingenioso símil del legado de los australianos AC/DC y que dos años después tendría como continuación el soberbio *Sonic Temple*, y, finalmente, los ya citados Def Leppard y su tecnificado disco *Hysteria* (1987).

ooo

Contemporanizando con el glam metal y el sleazy rock, hubo en Los Angeles dos formaciones que aportaron un punto de vista musical completamente diferente: Jane's Addiction y Red Hot Chili Peppers. Tan diferentes eran del resto de grupos que pululaban por el Sunset Strip que la prensa les calificó como 'rock alternativo'. Y aunque el paso del tiempo ha limado su instinto reformador, es justo reconocerles su golosa aportación discográfica citando sus mejores producciones, *Nothing's Shocking* (1988) y *Blood Sugar Sex Magik* (1991), receptáculos del sonido de una época.

El amparo de la MTV y el sermón del PMRC

Es innegable que el medio de comunicación que apoyó de manera absolutamente eficiente al hard rock en los años 80 fue MTV, cadena de televisión que precisamente acuñaría el término 'hair metal', variante despectiva utilizada por un sector de la prensa especializada para referirse a las bandas del glam metal. Programas como *Heavy Metal Mania* (que comenzó a emitirse en el mes de junio de 1985) y *Headbangers Ball* (en antena en dos etapas: 1987-1995 y desde 2003 hasta la actualidad), sirvieron de magnífico impulso del hard rock.

En el polo opuesto se apostó el Parents Music Resource Center (PMRC, en castellano Centro de Recursos Musicales para Padres), colectivo conservador formado en la primavera de 1985 con el objetivo de prevenir a los jóvenes estadounidenses de la degradación moral a la que supuestamente los sometía la música moderna. Según el PMRC, el rock hacia apología de rebelión, consumo de drogas, perversión, promiscuidad sexual, violencia gratuita, ocultismo e incitación al suicidio.

El poder de esta asociación no resultó para nada insignificante, no en balde formaban parte de ella esposas de altos cargos públicos, como Tipper

Gore, esposa de Al Gore, futuro vicepresidente de Estados Unidos, bajo el mandato de Bill Clinton; Susan Baker, esposa del que sería secretario de estado, James Baker, durante el mandato de George W. Bush, y Nancy Thurmond, esposa del senador republicano ultraconservador y segregacionista Strom Thurmond. Con estas afiliadas 'high society', el PMRC consiguió que la industria discográfica se viese obligada a identificar aquellas grabaciones susceptibles de 'mancillar' a la juventud, mediante la colocación en las portadas de la pegatina Parental Advisory (Advertencia a los Padres).

El primer alegato del PMRC a favor de la moralidad vería la luz en el año 1985, a través de la lista Filthy Fifteen (Quince Asquerosas), que recogía algunas de las canciones más 'ofensivas' del momento y entre las que se encontraban «Bastard», de Mötley Crüe; «Let me put my love into you», de AC/DC; «We're not gonna take it», de Twisted Sister, o «High'n'dry», de Def Leppard; además, aconsejaban la no audición de artistas y bandas como Queen, Styx o Van Halen, al considerarlos autores de canciones «satánicas».

La cruzada moralizadora del PMRC llegó hasta el Senado de los Estados Unidos, órgano que celebró una sesión extraordinaria el 19 de septiembre de 1985, tras la petición de Susan Baker y Tipper Gore. Digna de la 'Caza de Brujas' del senador Joseph McCarthy de los años 50, la sesión contó con el testimonio de Frank Zappa, John Denver y Dee Snider (Twisted Sister). Este último declaró, sin amilanarse lo más mínimo, que eran los padres y no el gobierno quienes debían supervisar la música que escuchaban sus hijos. Ante el asedio tan infundamentado como fundamentalista del PMRC, en 1987 Mary Morello fundó Parents for Rock & Rap (PRR, en castellano Padres a Favor del Rock y el Rap), aunque fueron los propios artistas y grupos quienes se alzarían con mayor furor, mediante declaraciones, canciones («Hook in mouth», Megadeth; «Mother», de Danzig; «Startin' up a posse», de Anthrax; «Censorshit», de Ramones...) o actos públicos, como el que en 1993 protagonizaron Rage Against the Machine (Tom Morello, guitarrista del grupo, es casualmente hijo de Mary Morello), durante su actuación en el Festival Lollapalooza, celebrado en Filadelfia, permaneciendo desnudos en el escenario catorce minutos, con cinta aislante en la boca y mostrando el acrónimo PMRC escrito en su pecho.

• • •

A pesar de los arrogantes desvelos del PMRC, el hard rock arrasó en Estados Unidos, y por extensión en el resto de Occidente. Pero a pesar de su indiscutible popularidad y sus ventas multimillonarias, tanto las bandas de glam metal como las de hard rock y heavy metal acabaron sucumbiendo a su propio éxito y a las consecuencias menos favorables que acompañan a este. De ahí que con el paso del tiempo muchas de estas formaciones se deshicieran o viviesen la marcha de sus miembros, incluso la de algunos de los más relevantes.

Por ejemplo, Vince Neil fue despedido de Mötley Crüe; Stephen Pearcy y Robbin Crosby abandonaron Ratt y Bruce Dickinson, Rob Halford, C.C. DeVille y Sebastian Bach, respectivamente, hicieron lo propio con Iron Maiden, Judas Priest, Poison y Skid Row. Como colofón decisivo, en aquellos años apareció el grunge, que se encargó de finiquitar una era sin límites, tal y como recordaría Kip Winger, líder de los glammy Winger: «El grunge llegó como un tornado y cambió los cimientos del mundo del rock tal y como se conocían hasta entonces... Las radios y la televisión no ponían otra cosa y el público lo eligió como producto a consumir».

Grunge

No hay nada más embarazoso que las personas que se abalanzan sobre ti temblando y excitadas y hablan de ti como un puto dios.
Kurt Cobain

A pesar de todo el empuje que tuvo a lo largo de los años 80, la generación del glam metal fue barrida de la noche a la mañana por otra igual de masiva y catalizadora: la del grunge. En el éxito del grunge, que muchos consideraron un fenómeno amasado en los despachos de las grandes compañías discográficas (Dave Wyndorf, de Monster Magnet, sentenciaría que «el grunge no fue más que un invento, una etiqueta para vender más discos»), jugaron de nuevo un papel fundamental los medios de comunicación estadounidenses, quienes desde su atalaya de lo políticamente correcto, lanzaron al mundo una lanza sónica en cuya punta estuvo el trío Nirvana.

No obstante, el grunge se cocinó a fuego lento en Seattle, una ciudad situada en el extremo más septentrional de la Costa Oeste de Estados Unidos y que durante años se había visto relegada de las giras de las principales bandas norteamericanas, que a lo sumo se aproximaban hasta la inevitable San Francisco, situada a nada menos que 1.300 kilómetros por carretera; de ahí que la población de la ciudad más grande del estado de Washington se fuera convirtiendo en un reducto de pequeñas bandas undeground que actuaban y confratenizaban entre ellas en locales como The Rainbow Tavern, Opening Night o The Central Tavern.

El grunge, de estética proletaria e ideología sombría, replegó a un sinfín de bandas, aunque por su calidad contrastada, junto a los citados Nirvana, autores de dos discos soberbios como *Nevermind* (1991) e *In Utero* (1993), podemos ceñirnos a Pearl Jam, Alice in Chains y Soundgarden, formaciones que en aquellos años de expeditiva vorágine produjeron discos tan fundamentales como *Ten* (1991) y *Vitalogy* (1994), en el caso de la banda de Eddie Vedder; *Dirt* (1992), en la del cantante Layne Staley, y *Badmotorfinger* (1991) y *Superunknown* (1994), pertenecientes a la discografía del grupo de Chris Cornell.

Por desgracia, el grunge duró tanto como la voluntad de su máxima figura, Kurt Cobain, por permanecer en este mundo, asunto que el artista decidió resolver el aciago martes 5 de abril de 1994.

• • •

La gente dice que el dinero lo cambia todo; para nosotros,
es Nirvana la banda que lo cambia todo
(del documental *Hype!* (1996), dirigido por Doug Pray)

El éxito del grunge como movimiento social residió en que, por encima de los componendas urdidas en los despachos de las compañías discográficas, nació de manera irreflexiva y esporádica entre un colectivo de jóvenes de clase media-baja que le daba la espalda a un sistema arcaico y neoliberal que les escatimaba las posibilidades de futuro e ignoraba su cotidianidad (familias desestructuradas, inadaptación escolar....).

Como vía de escape, una parte de la juventud opta por las soluciones «clásicas», la delincuencia y/o las drogas, aunque también los hay que canalizan su frustración en la belleza del arte. De entre las distintas ramas de este, la más inmediata es la música y a ella se abocan cada día miles de jóvenes en todo el mundo. A finales de los años 80, muchos adolescentes de Seattle decidieron coger un instrumento y empezar a escribir canciones cuyos textos reflejaban su entorno, tal y como diría Eddie Vedder, cantante de Pearl Jam: «En la actualidad, hay mucha rabia y frustración en el ambiente, así que no queremos sumarnos a ese espíritu negativo, aunque tampoco queremos que las cosas sucedan así como así». De hecho, Vedder sufrió durante años la disyuntiva ética de ser estrella internacional y sentir aversión a las millonarias ganancias que generaban.

Nirvana, y más que nadie su líder, Kurt Cobain, representaron la paradoja absoluta de convertirse en una de las bandas más exprimidas y comercializadas de la historia, al tiempo que mantenían su burla contra el mundo, como si continuasen siendo todavía un pequeño grupo local del noroeste de Estados Unidos. En pocos meses, Nirvana hicieron eclosinar el grunge como un nuevo movimiento musical a escala internacional con tal intensidad que en el mes de diciembre de 1992 la revista *Spin* afirmó: «En la actualidad, Seattle es para el mundo del rock'n'roll lo que Belén fue para el cristianismo». Otros medios, más pragmáticos, consideraron a Seattle como el nuevo Liverpool. Sin embargo, el interés desorbitado de los medios de comunicación, en realidad con el mismo menosprecio que las aves de rapiña muestran por la presa moribunda, ensalzó al grunge hasta situarlo en la misma sobreexposición que lo agotó.

Nirvana, Pearl Jam, Soundgarden y Alice in Chains, por citar solo a los nombres más populares, se convirtieron inevitablemente en una mina de oro para las sagaces compañías discográficas, que supieron vender aquello que no pretendía ser vendido. Aun así, a comienzos de los años 90 hubo espacio para formaciones que no se encuadraban en el grunge y que supieron cabalgar sobre la despiadada ola de las modas. Uno de los mejores ejemplos fueron Smashing Pumpkins, la banda de Billy Corgan, que durante el primer lustro de aquella década presentó tres discos impecables a los que la prensa tan pronto calificaba de grunge, por imperativo modal, como de rock alternativo e incluso de indie rock: *Gish* (1991), *Siamese Dream* (1993) y *Mellon Collie and the Infinite Sadness* (1995). Con ellos, Chicago se asomó, una vez más, a la geografía del rock.

Progresivo

La música es una forma de arte y principalmente un vehículo para comunicar emociones. Si algo te impacta, te conmueve y se relaciona contigo es lo más importante de todo.

John Petrucci (Dream Theater)

La amplitud que ha ido adquiriendo la vertiente progresiva durante la evolución del rock ha dado lugar a una extensa variedad de subestilos, algunos populares, como el sonido Canterbury (Soft Machine, Camel, Caravan o Gong), Avant-garde (que en Estados Unidos presentaron Frank Zappa & The Mothers Of Invention, Captain Beefheart o The Residents), Kraut-rock (aparecido a finales de los años 60 en Alemania Occidental y que aglutinó a grupos como Neu!, Can, Faust, Amon Duul o Popol Vuh), Electro-prog (que introdujo el uso del sintetizador a través de nombres como Tangerine Dream, Vangelis o Jean-Michel Jarre), Rock espacial (interpretado por Hawkind o Ayreon), Neo-prog (Marillion, Pendragon o Arena) y Post-rock (Sigur Rós, Mogwai, Godspeed You! Black Emperor, Tortoise...), mientras que otros contaron con un seguimiento más minoritario debido a su alto nivel de experimentación, como el Zeuhl (creado por los franceses Magma) o RIO (acrónimo de Rock in Opposition), del que fueron principales exponentes Henry Cow y Univers Zéro.

El rock progresivo tuvo su época dorada en la primera mitad de los 70, gracias a formaciones como Pink Floyd, Yes, King Crimson, Genesis, Emerson Lake & Palmer, Gentle Giant o Jethro Tull, que durante ese período produjeron, respectivamente, obras maestras como *Dark Side of the Moon* (1973), *Close to the Edge* (1972), *Lark's Tongue in Aspic* (1973), *Selling England by the Pound* (1973), *Brain Salad Surgery* (1973), *In a Glass House* (1973) y *Aqualung* (1971).

Una cosecha de títulos —de los que solo se cita uno por artista para no hacer la lista interminable— cuya repercusión no solo se hizo evidente en su momento, sino que posteriormente vivió un renacimiento en la década de los 90 mediante bandas como los británicos Porcupine Tree, los noruegos White Willow o los estadounidenses Queensrÿche, Fates Warning y Dream Theater.

•••

Rush, arranque del movimiento progresivo actual. Para comprender la trascendencia de la obra de los canadienses Rush, baste recordar lo que declararía Tomas Haake, de Meshuggah, sobre ellos: «Puedes tocar las canciones de Rush dentro de cincuenta años y seguirán estando vigentes». Por su parte, alguien tan docto como Mike Portnoy, exmiembro de Dream Theater, afirmaría que «la influencia de Rush nunca es deliberada, pero siempre está ahí».

La aportación del batería Neil Peart, el guitarrista Alex Lifeson y el bajista y cantante Geddy Lee no resulta trivial, puesto que varias y excelsas bandas de metal progresivo, como Queensrÿche, Fates Warning, Dream

Theater u Opeth los aceptan como una de sus principales influencias, reconociendo tres de los discos de los de Toronto como aliciente de sus respectivas carreras: *2112* (1976), *A Farewell to Kings* (1977) y *Hemispheres* (1978). A su vez, Geddy Lee admite haber estado influenciado por bandas del rock progresivo británico de los años setenta como Yes y Genesis, lo que viene a confirmar la constante conexión entre la franquicia americana actual y la pretérita británica del progresivo.

Este vínculo resulta aún más evidente cuando a la lírica armónica de Rush, desde el nuevo contienente americano, debe añadírsele la fuerza de King Crimson, desde el viejo continente europeo, plasmada en los discos magistrales *In the Court of King Crimson* (1969), *In the Wake of Poseidon* (1970), *Lark's Tongues in Aspic* (1973), *Starless and Bible Black* (1974) y *Red* (1974).

Tanto Kirk Hammett, guitarra solista de Metallica, como los miembros de Tool citan a los británicos King Crimson como influencia en su proceder. Curiosamente, la banda de Robert Fripp abrió los conciertos de Tool durante su gira de 2001, mientras que Mike Portnoy, antiguo alumno del prestigioso Berklee College de Boston, ha reconocido que el uso de elementos progresivos no es intrínseco exclusivamente a las formaciones de metal progresivo.

ooo

Tras los períodos de ebullición y depreciación a los que se vio sometido el rock progresivo durante los años 70, se puede considerar a Marillion, con Fish como su vocalista, como el eslabón que unió la primera con la segunda generación de músicos progresivos, manteniendo avivados los rescoldos del estilo con los álbumes *Script for a Jester's Tear* (1983), *Fugazi* (1984), *Misplaced Childhood* (1985) y *Clutching at Straws* (1987), los cuales, a pesar de sostenerse espléndidamente por sus virtudes musicales, conminaron a que parte de la crítica y del públicó tachasen a la banda de Aylesbury de clones de Genesis en su etapa con Peter Gabriel al frente.

Después, en la segunda mitad de los años 80, fueron Fates Warning y Queensrÿche quienes encabezaron la segunda hornada del rock progresivo con tintes de rock duro. Los primeros, de la mano de los guitarristas Frank Aresti y Jim Matheos, se convirtieron en nuevo referente con las producciones *No Exit* (1988) y *Perfect Symmetry* (1989), sin olvidar que el anterior *Awaken the Guardian* (1986) está considerado como el primer álbum de metal progresivo; en cuanto a los segundos, su capitalidad en el rock progresivo actual viene dada por su álbum *Operation: Mindcrime* (1988), en el que contaban la historia de un joven atrapado en un movimiento terrorista que al principio le entusiasma, pero del que luego quiere desertar. Una narrativa para la cual el propio Geoff Tate, vocalista de Queensrÿche, reconoce haberse inspirado en obras clásicas como *The Wall* (1979) de Pink Floyd o *Tommy* (1969) y *Quadrophenia* (1973) de los Who.

Tras la irrupción de Fates Warning y Queensrÿche, aunque probablemente con una influencia igual o superior, deben citarse a Dream Theater, quinteto virtuoso que, respetando de igual forma el legado de Pink Floyd como el de Queensrÿche, presentaron las bases del actual rock progresivo actual con su álbum *Images & Words* (1992). Dream Theater son a día de hoy uno de los principales ejemplos del hard rock progresivo, honor que la banda percibe con humildad, como su cantante James LaBrie ha reconocido públicamente en más de un ocasión: «Mucha gente nos considera un referente, dicen estar influenciados por nosotros. Se nos considera los abanderados del metal progresivo y eso supone una responsabilidad que asumimos con el mayor de los agrados».

Lo cierto es que *Images & Words* (1992) abrió las compuertas del nuevo rock progresivo, en diferentes propuestas más clásicas o más extremas, dando paso a una serie de formaciones de primera fila, autoras de discos elementales, como Shadow Gallery y sus álbumes *Carved in Stone* (1995) y *Legacy* (2001); IQ, *Subterranea* (1998); Opeth, *Blackwater Park* (2001) y *Ghost Reveries* (2005); Tool, *Aenima* (1996) y *Lateralus* (2001); Pain of Salvation, *Remedy Lane* (2002); Porcupine Tree, *Stupid Dream* (1999) y *Fear of a Blank Planet* (2007); Katatonia, *Discouraged Ones* (1998) y *Last Fair Deal Gone Down* (2001); Liquid Tension Experiment, *Liquid Tension Experiment* (1998); Coheed and Cambria, *In Keeping Secrets of Silent Earth: 3* (2003) o *Good Apollo I'm Burning Star IV, Vol. 1: From Fear Through the Eyes of Madness* (2005), o Symphony X, con *Paradise Lost* (2007), por citar algunos de los más reconocidos. Algunas de las bandas que han conseguido más repercusión en los últimos tiempos han sido los suecos Meshuggah, autores de discos tan ejemplares como *Destroy Erase Improve* (1995) y *Nothing* (2002), y los americanos Mastodon, cuya propuesta ha conseguido el reconocimiento de músicos de la talla de Mike Portnoy, que ha definido a los de Atlanta «como los Black Sabbath de la música progresiva moderna». Y como testimonio de tal opinión basta escuchar *Leviathan* (2004), que confirma al cuarteto como una de las mejores bandas de principios del siglo XXI.

Stoner Rock

Estábamos a dos horas de Los Angeles, en mitad de la nada. Cuando tocas en el desierto y es una noche hermosa, o no tan hermosa, siempre es increíble. Siempre.

John García

Bajo la influencia del hard rock de finales de los años 60 y principios de los años 70, esgrimido por artistas como Black Sabbath, Blue Cheer, Cream, Hawkind, Jimi Hendrix, Led Zeppelin o Frank Zappa, así como la de algunas bandas de los años 80 como Saint Vitus, Trouble y Masters of Reality, el stoner rock apareció a comienzos de la década de los 90 como eslabón entre el rock alternativo y el heavy metal bajo el liderazgo de los actualmente extintos Kyuss, autores de dos discos que se encuentran entre lo mejor del hard rock: *Blues for the Red Sun* (1992) y *Welcome to Sky Valley* (1994).

Conocido también como 'desert rock', el término 'stoner rock' fue acuñado precisamente por los propios Kyuss, en referencia al vocablo 'stoner', con el que se conoce a los fumadores de marihuana, substancia habitualmente consumida en los círculos de artistas y seguidores del estilo.

El origen geográfico del stoner rock es Palm Springs (California), población en la que en 1987 el cantante John García, el guitarrista Josh Homme, el bajista Chris Cockrell y el batería Brant Bjork decidieron iniciar un proyecto que no adquiriría consistencia hasta la entrada del bajista Nick Oliveri en 1990. Kyuss abrieron la senda que después seguirían bandas como Queens Of The Stone Age (formada por Josh Homme en 1996 tras la disolución de Kyss y de la que también formó parte Nick Oliveri), Electric Wizard, Fu Manchu, High on Fire, Monster Magnet, Sleep, Slo Burn, Electric Wizard, Cathedral o Wolfmother. En concreto, el stoner rock se forjó al calor de la denominada 'escena de Palm Desert', un movimiento cuyo empuje hizo que la prensa californiana calificase en su momento a Palm Desert como «una de las siete ciudades del rock de América», lo cual resulta paradójico teniendo en cuenta que el número de sus habitantes era apenas de 40.000 y que buena parte de ellos eran jubilados procedentes de Canadá y del resto de Estados Unidos.

Pero la escasa y peculiar población de Palm Desert no impidió que a mediados de los años 80 apareciesen los primeros brotes del movimiento musical, a través de los Yawning Man, que sorprendentemente no publicarían su primer álbum, *Rock Formations*, hasta 2005, retraso que hizo que formalmente fueran Kyuss los que popularizasen el estilo. Junto a estos, hay que citar a otro de los principales actores de la 'escena de Palm Desert', el músico y productor Chris Goss, líder de Masters of Reality y responsable de la producción de discos para Kyuss, Queens of the Stone Age, Mark Lanegan, Nebula o Slo Burn. En 2009, la revista española *Mondo Sonoro* decía de él: «Chris Goss fue un visionario, un pionero, aunque ahora ya casi nadie se acuerda de él. Es el padre del stoner rock, el responsable de que Kyuss grabasen cuatro discos bajo su esmerada producción que forman parte del abecedario global del género».

Con el objetivo de perpetuar el espíritu del stoner rock, en 1997 Josh Homme, y en sus inicios también el desaparecido sello Man's Ruin Records, propiedad de Frank Kozik (en 2001, Homme y Lydia Russell fundarían Rekords Rekords para continuar la labor de distribución de las grabaciones), organizaron las Desert Sessions, sesiones de grabación llevadas a cabo en el estudio Rancho de la Luna, situado en el desértico parque nacional de Joshua Tree. A lo largo de los años, en estas sesiones han participado artistas como PJ Harvey, Monster Magnet, Soundgarden, Fu Manchu, A Perfect Circle, Nine Inch Nails e incluso Marilyn Manson y Mötley Crüe.

En Europa, el stoner rock tiene su cónclave principal en el Desert Fest, que desde 2012 se celebra en Berlín y en el que se dan cita bandas y artistas stoner, doom y sludge.

Siglo XXI, tiempos convulsos

Me gustan las canciones de rock'n'roll concisas, enérgicas, con la menor cantidad de letra y que hagan mover el culo. Hound dog, Be bop a lula... *Dos solos de guitarra en un single de dos minutos y ya está. La sacudida ha dado de lleno en la persona y la ha noqueado. Hoy en día la cosa va de solos de guitarra de veinte minutos con un galimatías de letras vociferadas y ninguna de las dos cosas es lo mío.*

Jeff Beck

Para convertirte en una gran estrella el único camino que puedes seguir es escribir tu propia música y subir a un escenario para ser un artista con corazón y alma.

Klaus Meine

Con la llegada del nuevo milenio el hard rock, al igual que el rock y sus diferentes estilos, comenzaron a disfrutar de un firme resurgimiento que ha ido mucho más allá de un revivalismo oportunista. Formaciones como

The Darkness, Wolfmother, los desaparecidos Hellacopters o Foo Fighters, liderados por el antiguo batería de Nirvana, Dave Grohl, gracias a discos tan recomendables como *Permission to Land* (2003), *New Crown* (2014), *High Visibility* (2002) y *The Colour and the Shape* (1997), respectivamente, revitalizaron la escena musical con propuestas que tomaban prestadas referencias al hard rock clásico de los años 70 y 80 excelentemente acogidas por las nuevas generaciones de seguidores, quienes, a su vez, han podido disfrutar de muchos de los originales adalides del género todavía en activo e, incluso, como en el caso de Van Halen, con la posibilidad de disfrutar de la alineación original.

Los tiempos han cambiado a golpe de tecnología y eso no siempre conlleva resultados positivos. Para Jeff Keith, cantante de Tesla, «la tecnología domina nuestras vidas y lo último que debemos hacer es perder el contacto con la realidad». Al mismo tiempo, Keith ha admitido que los nuevos tiempos si bien hacen posible que sea «mucho más barato grabar un disco, es, sin embargo, más difícil organizar giras y que éstas tengan éxito», sin olvidar que la tecnología aunque permite «escuchar toda la música del mundo en internet, no proporciona un criterio, demasiada información es ninguna información».

Es bien cierto que la tecnología ha hecho cambiar drásticamente el sentido del negocio discográfico, la cual cosa viven los artistas de diferentes maneras. Por ejemplo, para Steven Wilson, el líder de Porcupine Tree elogiado por una figura histórica como Carl Palmer, de Emerson, Lake & Palmer («Steve Wilson me parece un músico con un talento excepcional»), la situación no es tan negativa: «Creo que a estas alturas, ahora que no contamos con apoyo de las radios, de MTV, de los medios e incluso de las compañías de discos, es más fácil que nunca hacer un disco muy ambicioso, un verdadero álbum. Y esto es bueno porque ahora ya no tenemos que preocuparnos por lo comercial».

Pero al margen del devenir del negocio, lo que al fin y al cabo debe preocupar a los seguidores del hard rock es la aportación de los músicos; en definitiva: su talento. En términos de inspiración musical, para alguien tan reputado como Dave Meniketti, de Y&T, el afán de las nuevas generaciones de músicos por alcanzar un grado superlativo de técnica instrumental puede ir en detrimento del resultado de las composiciones: «Hay guitarristas muy técnicos, capaces de tocar cualquier estilo y un millón de notas por minuto. Te quedas alucinado, pero detrás de toda esa técnica no hay nada; su música no tiene sentido, porque carece de sentimiento, de pasión».

En cuanto a la aparición de nuevas superestrellas, Sebastian Bach, excantante de Skid Row y desde 1997 al frente de su propia carrera, no tiene una perspectiva halagüeña, habiendo llegado a afirmar que «no existe un nuevo Rob Halford o un nuevo Steve Perry, lo que es una pena. Hay buenos cantantes, pero ninguno pasará a la historia». Parecer que comparte Klaus Meine, vocalista de Scorpions, quien cree que «hoy en día ya no encontrarás a los nuevos Stones o los nuevos Led Zeppelin».

Probablemente, no será fácil que surjan artistas que puedan comparar su discografía con la de los grandes totems del rock, pero, aún así, siempre podremos albergar la esperanza de disfrutar de propuestas refrescantes y más o menos innovadoras.

3. Los artistas

A

AC/DC

Doce compases de alto voltaje

1973
Sydney, Australia

A mediados de los años 70, las Antípodas lanzaron al mundo una de las propuestas más aclamadas por los seguidores del heavy metal, si bien es cierto que el repertorio de la banda formada en 1973 por los hermanos Malcolm y Angus Young lo conforma una espléndida retahíla de clásicos del rock'n'roll en solfa de rock duro.

Tras sus dos primeros discos, *High Voltage* y *TNT*, ambos de 1975, AC/DC firmarían contrato con Atlantic Records, dando lugar un año después a *Let There Be Rock* (1977), número 1 en Estados Unidos.

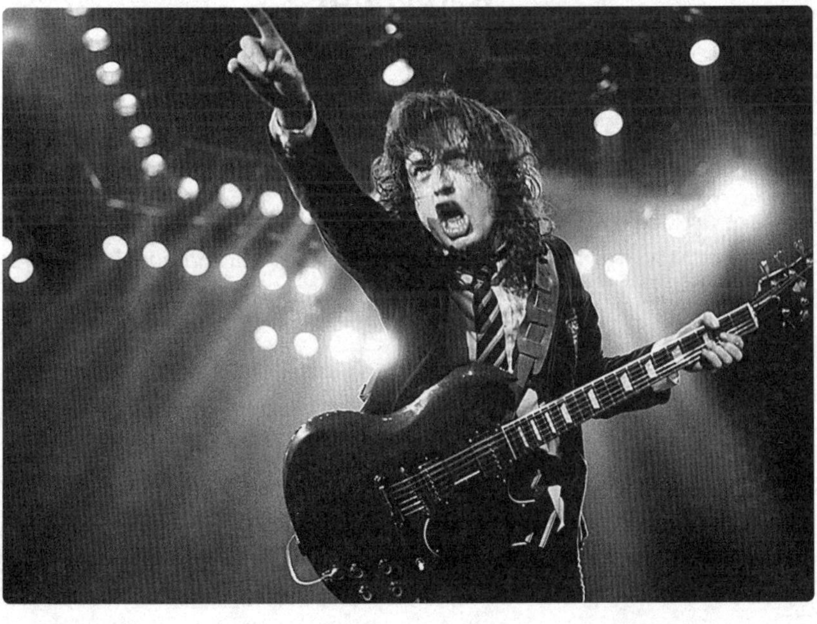

En 1979 aparecería el fundamental *Highway to Hell*, álbum que precedió al lamentable fallecimiento del cantante Bon Scott, el 19 de febrero de 1980, en Londres. Decididos a continuar con su carrera, aquel mismo año AC/DC presentaron *Back in Black*, uno de los discos más vendidos de la historia, con Brian Johnson como vocalista.

Tras *For Those About to Rock* (1981), el quinteto inició una etapa menos brillante, hasta que en 1995 grabaron *Ballbreaker*, otro de sus grandes trabajos. La gira del álbum *Stiff Upper Lip*, llevada a cabo entre el 1 de agosto de 2000 y el 8 de julio de 2001, trajo al grupo a España, donde inauguró una calle con su nombre en la localidad de Leganés.

Ya en octubre de 2008, tras ocho años de silencio discográfico, AC/DC publicaron *Black Ice* y seis años después, también con Brendan O'Brien como productor, *Rock or Bust*, cuya gira de promoción mundial no contó con Malcolm Young, forzosamente retirado por una enfermedad y reemplazado por Stevie Young, sobrino escocés de los hermanos Young y que ya había ocupado el puesto de Malcolm temporalmente en 1988, durante la gira norteamericana de *Blow Up Yor Video*.

Aerosmith

En la montaña rusa del rock americano

1970
Boston, Estados Unidos

Clásicos del hard rock y padrinos del sleazy rock, Aerosmith, liderados por el cantante Steven Tyler y el guitarrista Joe Perry, se hicieron un hueco en la historia del rock a mediados de los años 70, con la publicación de los álbumes *Toys in The Attic* (1975) y *Rocks* (1976).

Los excesos propios de su condición de estrellas del rock conllevaron a que, tras el excelente *Draw the Line* (1977) y el irregular *Night in the Ruts* (1979), los guitarristas Perry y Brad Whitford fuesen substituidos por Jimmy Crespo y Rick Duffay, aunque superados los rencores personales y los problemas con las drogas, ambos regresasen para grabar *Done With Mirrors* (1986), seguido de *Permanent Vacation* (1987) y *Pump* (1989), discos de ventas millonarias, que devolvían a Aerosmith la credibilidad del pasado.

No obstante, y tras *Get a Grip* (1993) y *Nine Lives* (1997), el grupo produciría algunos trabajos irregulares, como el tema principal de la película *Armageddon*, titulado «I don't want to miss a thing», y los álbumes *Just Push Play* (2001) y *Honkin' On Bobo* (2004).

Afortunadamente, y de la mano del productor Jack Douglas (con el que ya habían grabado sus mejores trabajos de los años 70), en 2012 Aerosmith publicaron *Music From Another Dimension*, producido por su viejo amigo Jack Douglas y número 5 en la lista de éxitos de la revista musical *Billboard*.

Airbourne

Aires australianos de hard rock

2004
Warnambool, Australia

Otra de las más recientes e interesantes referencias del hard rock interpretado en las Antípodas es la de Airbourne, formados en 2004 en Warrnambool, por los hermanos Joel (cantante y guitarra solista) y Ryan O'Keeffe (batería). Aquel mismo año el cuarteto publicó el EP *Ready to Rock*, preludio de la firma, meses después, de su contrato discográfico con Capitol Records. Este

logro les permitió inaugurar las giras australianas de los británicos Rolling Stones y los estadounidenses Mötley Crüe, además de participar en diferentes festivales del género en todo el mundo.

Tras el lanzamiento a través de iTunes del directo *Live at the Playroom* (publicado en 2007, aunque correspondiente a una actuación de 2004) y con David Roads (guitarra) y Justin Street (bajo), en el mes de enero de 2008 apareció finalmente su disco de debut, *Runnin' Wild*, del que se extrajeron tres singles («Runnin' wild», «Too much, too young, too fast» y «Diamond in the rough»). Sin embargo, Capitol decidió rescindir el contrato con el grupo, pasando este de esta manera a Roadrunner Records como distribuidora internacional.

Tres años más tarde, la banda lanzaría *No Guts, No Glory* (8 de marzo de 2010), que cosechó un moderado éxito en Canadá y Alemania. Ya en 2013, el 17 de mayo, vería la luz *Black Dog Barking*, producido por Brian Howes y álbum de diez canciones, trece en su edición de luxe, cuya calidad y patrón redundan en el rock sencillo pero contundente.

Alcatrazz

El sueño maldito de Graham Bonnet

1980
Los Angeles, Estados Unidos

Excelente, y poco reivindicada en la actualidad, formación de hard rock, creada en 1980 en torno al cantante inglés Graham Bonnet y por cuya alineación pasaron en su momento dos de los mejores guitarristas del rock de todos los tiempos: el sueco Yngwie Malmsteen y el norteamericano Steve Vai. Con el primero, Alcatrazz publicarían el álbum en estudio *No Parole From Rock'n'Roll* (1983) y el directo *Live Sentence* (1984, mientras que con el segundo grabarían *Disturbing the Peace* (1985).

Sin estos dos guitarristas, la discografía de Alcatrazz/Graham Bonnet continuaría con *Dangerous Games* (1986), disco que contó con Danny Johnson a las seis cuerdas (Johnson había sido descubierto por Rick Derringer y el mismísimo Eddie Van Halen elogió su estilo en una entrevista publicada por la revista musical *Guitar Player*).

Si bien en 1987 Bonnet disolvería Alcatrazz, en 2006 reformó el grupo para una actuación en el festival búlgaro Berkrock y para llevar a cabo una gira por Japón, país donde Bonnet es muy respetado, en 2007, y otra por Estados Unidos en 2008. Lamentablemente, más allá de esas fechas, Alcatrazz no han tenido la continuidad que merece su breve pero ejemplar legado, carencia en parte debida al carácter inquieto del propio Bonnet.

Angel

Rock celestial

1975
Washington, Estados Unidos

Grupo formado por Punky Meadows (guitarra) y Mickie Jones (bajo), que firmaron con el entonces recientemente creado sello discográfico Casablanca Records, por mediación del bajista de Kiss, Gene Simmons. De hecho, Angel fueron la némesis de Kiss, al lucir un vestuario totalmente blanco, en oposición al negro, tachuelas y cuero del cuarteto de Nueva York.

La música de Angel, además, era más elaborada, gracias al talento de su teclista, Gregg Giuffria (más tarde en Giuffria y House of Lords) y los arreglos vocales del cantante Frank DiMino. Gracias a su tres primeros álbumes, *Angel* (1975), *Helluva Band* (1976) y *On Earth as It Is in Heaven* (1977), obtuvieron cierto respaldo por parte del público norteamericano, que no de la crítica especializada, que los entendió como un simple producto musical.

Con el siguiente *White Hot* (1978), Angel se abocaron hacia un sonido más comercial, obteniendo éxito gracias al single *Ain't gonna eat out my heart anymore*, número 44 en Estados Unidos.

Tras *Sinful* (1979), el quinteto se separó en 1981 hasta finales de los años 90, sin contar entonces con Giuffria, publicando el álbum *In the Beginning* (1999), seguido dos años después por el directo *Angel: Live in Sweden*.

April Wine

Cosecha canadiense

1969
Halifax, Canadá

April Wine son una de las bandas clásicas menos conocidas de la escena de hard rock internacional, a pesar de poseer un inspirado cancionero. Formados por Myles Goodwyn (cantante y guitarra) y los hermanos David (guitarra) y Ritchie Henman (batería) y el primo de estos, Jimmy Henman (bajo), una vez trasladados a Montreal, en 1971 el quinteto publicó, a través de Aquarius Records, su disco homónimo de debut, del cual se extrajo como primer single el tema «Fast train», Top 40 en Canadá, éxito superado por «You could have been a lady», corte correspondiente a su segundo trabajo en estudio, *On Record*, que fue número 5 en Canadá.

A partir de ese momento, entre 1975 y 1979 y ya sin los tres miembros originales de la familia Henman, April Wine publicaron discos que obtuvieron ventas millonarias, gracias a singles de éxito como «Tonight is a wonderful time to fall in love», «You won't dance with me» o «Soller».

La fama internacional les llegaría a comienzos de los años 80, gracias a los álbumes *Harder… Faster* (1980) y *Nature of the Beast* (1981), que conforman lo más granado de su discografía.

Tras la separación oficiosa de finales de 1985, que aprovecharon Myles Goodwyn y Brian Greenway para encarar sus propias carreras en solitario, no sería hasta 1992 cuando April Wine regresaron a los escenarios, publicando al año siguiente *Attitude*. Tras ser incluidos en 2010 en el Music Hall of Fame canadiense, y a pesar de la muerte de su bajista Jim Clench (miembro histórico), April Wine continúan ofreciendo en la actualidad conciertos por Canadá y Estados Unidos para mayor deleite de los seguidores entendidos del hard rock.

Asia

Supergrupo progresivo

1981
Londres, Gran Bretaña

Difícilmente el éxito podría serle esquivo a una banda en la que militasen miembros entre cuyas credenciales profesionales constasen los nombres de de Yes y Emerson, Lake & Palmer. De ahí que no resulte extraño que, bajo el nombre de Asia, la reunión del bajista John Wetton, el guitarrista Steve Howe, el batería Carl Palmer y el bajista Chris Squire estuviese considerada como la de uno de los supergrupos de la historia del rock.

Su primer álbum, *Asia* (1982), si bien contó con el rechazo de los más puristas seguidores del rock progresivo de los años 70, obtuvo un clamoroso éxito comercial, siendo número 1 en Estados Unidos durante casi dos meses, gracias a los singles «Only time will tell» y, especialmente, el clásico «Heat of the moment».

Tras dos extenuantes años de gira, en 1983 llegaría *Alpha*, considerado por la crítica de una comercialidad excesiva, lo que llevó a Wetton a abandonar la banda, aunque regresaría en 1985, el mismo año en que Howe fue substituido por Mandy Meyer, de los suizos Krokus.

La fallida recepción de *Astra* (1985), llevó al grupo suspender su actividad, aunque valiéndose de guitarristas ocasionales, como Steve Lukhater o Pat Thrall, publicarían *Then & Now* (1990), mitad recopilatorio, mitad nuevo trabajo en estudio, y actuarían en Moscú tras la caída del muro de Berlín, actuación recogida en *Live in Moscow* (1991).

La década de los noventa transcurriría sin un guitarrista definitivo y con dos nuevos discos, *Aria* (1994) y *Arena* (1996), no siendo hasta 2006 cuando la banda anunció la reunión de la formación original y la realización de una gira mundial la cual, no obstante, tuvo que ser suspendida en 2007 por problemas de salud de Wetton.

A pesar de todo, Asia han continuado publicando nuevos e interesantes trabajos —*Phoenix* (2008), *Omega* (2010), *XXX* (2012) y *Gravitas* (2014)—, además de ofrecer periódicas actuaciones, bajo la alineación Palmer, Wetton, Downes y el joven guitarrista Sam Coulson, descubierto en 2007 por el también guitarrista norteamericano Paul Gilbert en Youtube.

Audioslave

Devaneos sonoros de élite

2001-2007
Glendale, Estados Unidos

Formados por el cantante Chris Cornell, de Soundgarden, y el guitarrista Tom Morello, el bajista Tim Commerford y el batería Brad Wilk, los tres miembros de Rage Against the Machine, Audioslave fue otro de los considerados 'supergrupos' del rock, aunque precisamente el talento, los egos y

el compromiso artístico de tres de sus miembros respecto a RATM marcaron desde sus mismos inicios la brevedad del cuarteto.

Después de un año preparando sus primeras canciones, a finales de 2002 publicaron su primer single, «Cochise», Top 100 en la revista *Billboard*, recibido con tibieza por la prensa especializada norteamericana e incluido en el primer álbum homónimo, número 7 en Estados Unidos, del que también caben destacar piezas como «Show me how to live», «Like a stone», «What you are» o «I am the highway».

Tres años depués llegaría *Out of Exile*, número 1 en la lista de éxitos de la revista *Billboard*, y también en Canadá, cuya promoción incluyó una actuación en La Habana (Cuba), posteriormente editada en DVD.

Ya en septiembre de 2006 aparecería su tercer y último disco, *Revelations*, cuyo éxito comercial, número 2 en Estados Unidos, no evitó que cinco meses después Cornell publicase su segundo álbum en solitario, *Carry On*, lanzamiento que implicó su marcha de Audioslave y, por descarte, la reunión de Rage Against the Machine, que oficializaron la reanudación de su carrera con la actuación del 29 de abril de 2007 en el Festival de Coachella.

Alice In Chains

Sin el corsé grunge

1987
Seattle, Estados Unidos

Alice In Chains fueron una de las pocas formaciones que rápidamente traspasaron los adjudicados límites sonoros del grunge, para convertirse de manera incontestable en referente del hard rock mundial.

Layne Thomas Staley, Jerald Fulton Cantrell Jr, Mike Starr y Sean Kinney recorrerían las salas de conciertos *underground* bajo el nombre de Diamond Life, hasta que en 1990, tras fichar por Columbia Records, adoptaron el defi-

nitivo Alice In Chains, bajo el cual debutaron discográficamente con el EP *We Die Young*, cuyo tema de igual título caló en las emisoras de música alternativa.

Tres meses después aparecería el álbum *Facelift*, Disco de Platino en Estados Unidos y cuyo tema «Man in the box» estuvo nominado a los Grammy. Tras compartir escenario con Megadeth, Anthrax, Slayer, Van Halen e Iggy Pop, en el mes de septiembre de 1992 salía a la venta *Dirt*, considerada habitualmente la mejor producción de Alice In Chains y cuyo primer single, «Would?», fue número 6 en Estados Unidos. Pero por entonces, Staley vivía sumido en sus problemas con las drogas, mientras que tras la siguiente gira Starr fue subtituido por Mike Inez, de la banda de Ozzy Osbourne.

Tras el EP acústico *Jar Of Flies* (1994), número 1 en la lista *Billboard*, en 1995 Alice In Chains fueron nominados de nuevo a los Grammy por el tema «I stay away» y publicaron *Alice In Chains*, número 1 en Etados Unidos.

La segunda mitad de los años 90 se sucedería con el seno de la banda en constante ebullición y en un declive personal que desembocaría en la muerte de Staley en 2002, tras un largo período sumido en depresiones y drogadicción.

La banda se disolvería temporalmente hasta que en 2005, el resto de integrantes se reunieron para tocar junto a Maynard Keenan (Tool), Patrick Lachman (Damageplan), Wes Scantlin (Puddel of Mudd) y Ann Wilson (Heart) en el concierto Tsunami Benefit. Un año después, Alice In Chains se embarcaron en una gira por Europa con William DuVall (exMadlfy y ex Comes With The Fall) en substitución de Staley. Con él, Alice In Chains han grabado dos discos recomendables, *Black Gives Way to Blue* (2009) y *The Devil Put Dinosaurs Here* (2013).

B

Bachman-Turner Overdrive

Clásicos arrinconados

1972-2014
Winnipeg, Estados Unidos

Trío canadiense fundado por los hermanos Randy (exGuess Who) y Robbie Bachman (batería), Chad Allan (guitarra y teclados) y Fred Turner (bajo), bajo el nombre preliminar de Brave Belt, aunque tras reemplazar a Allan por otro hermano Bachman, Tim, pasaron a llamarse permanentemente Bachman-Turner Overdrive.

Bajo el auspicio de Mercury Records, en 1973 BTO lanzaron su primer disco, el homónimo *Bachman-Turner Overdrive*, cuyo sencillo *Blue collar* se coló en el Top 100 de Estados Unidos. Aquel mismo año su segundo elepé, *Bachman-Turner Overdrive II*, alcanzó el número 4, al tiempo que los dos singles extraidos de él, «Let it ride» y «Takin' care of business», entrarían en el Top 20 en 1974.

A pesar del éxito, Tim Bachman abandonaría la banda, siendo reemplazado por Blair Thornton para el álbum *Not Fragile* (1974), obra culmen de la discografía de los canadienses y número 1 en Estados Unidos, al igual que los sencillos «You ain't seen nothin' yet» y «Free wheelin'».

Tras *Four Wheel Drive* (1974), *Head On* (1975) y *Freeways* (1977), Randy formaría la banda Ironhorse, mientras que el resto de miembros continuarían bajo las siglas B.T.O. con Jim Clench en el puesto de Randy y grabando los discretos *Street Action* (1978) y *Rock'n'roll nights* (1979). Tras disolverse en 1980, cuatro años más tarde el grupo se reuniría para grabar el disco *Bachman-Turner Overdrive*, aunque volviendo a separarse poco después.

Ya en 2010, Randy Bachman y Fred Turner se unirían para grabar el álbum *Bachman & Turner*, pretexto que los llevó a presentarse en el Sweden Rock Festival y retomar la carretera con algunas actuaciones por Estados Unidos, Canadá y Gran Bretaña, acompañados por los músicos Brent Howard, Marc LaFrance y Mick Dalla-Vee.

Sebastian Bach

El último divo del hard rock

Sebastian Philip Berk
3 de abril de 1968
Freeport, Islas Bahamas

Sebastian Bach saltó al escenario musical internacional como vocalista de Skid Row, a los que se unió en 1987 por petición del guitarrista de la banda Dave Sabo.

Como *frontman* de Skid Row, Sebastian Bach, poseedor de un afilado timbre vocal, participó en tres discos de estudio —*Skid Row* (1989), *Slave to the Grind* (1991), número 1 en Estados Unidos, y *Subhuman Race* (1995)— y produjo algunas canciones de éxito, como «I remember you», «18 and life» o «Wasted time».

Tras ser expulsado en 1996, Bach formó Last Hard Men, junto a los guitarristas Jimmy Flemion (Frogs) y Kelley Deal (Breeders) y el batería Jimmy Chamberlain (Smashing Pumpkins), grabando un disco para el sello Atlantic que no llegó a publicarse, aunque de aquellas sesiones se aprovechó una versión de «School's out», original de Alice Cooper, que se incluiría en la banda sonora de la película *Scream*.

Finalmente, la carrerra discográfica de Bach en solitario arrancaría con la publicación de *Angel Down* (2007), disco en el que le acompañaban Adam Albright (guitarra), Steve DiGiorgio (bajo) y Bobby Jarzombek (batería). Cuatro más tarde, y a través del sello Frontiers Records, vería la luz *Kic-*

king & Screaming, seguido posteriormente por *Abachcalypse Now* (2011) y *Give'Em Hell* (2014), los dos últimos Top 100 en Estados Unidos.

Al margen de su carrera musical en solitario, Bach ha participado en diversos proyectos relacionados con la música. Así, durante el otoño e invierno de 2002 interpretó el papel de Jesucristo en la ópera rock *Jesus Christ Superstar*, de la que sería despedido en el mes de abril de 2003, realizando entonces una prueba para formar parte de Velvet Revolver. En 2006, Bach también participaría, junto a Ted Nugent, Evan Seinfeld, Scott Ian y Jason Bonham en el programa de televisión *Super Group*, un *reality* que recogía los ensayos de la banda formada por ellos mismos, Damnocracy.

Backyard Babies

Marchamo de rock escandinavo

1987
Nässjö, Suecia

La prueba de que Suecia es mucho más que Abba es el cuarteto Backyard Babies, procedente de la pequeña población de Nässjo y uno de los referentes más difundidos del rock escandinavo.

Formados por el guitarrista Dregen (ocasionalmente en Hellacopters) y el bajista Johan Blomqvist, no sería hasta 1994 cuando la banda publica su primer trabajo, *Diesel & Power*, seguido cuatro años más tarde por *Total 13*, para muchos su mejor grabación.

No obstante, el calibre artístico del conjunto de la discografía de Backyard Babies resulta igual de interesante. Así, el siguiente *Making Enemies Is Good* (2001) se muestra como un compendio ecléctico de géneros como el heavy metal, la psicodelia y el rock clásico, mientras que *Stockholm Syndrome* (2003) significó el reconocimiento de figuras del género, puesto que en él colaboraron artistas como Joey Ramone (Ramones), Tyla (Dogs d'Amour), Michale Monroe (exHanoi Rocks) o Turbonegro.

Con *People Like People Like People Like Us* (2006), Backyard Babies se abocaron a sonido más comercial, combinando medios tiempos, como «Roads», con otros más contundentes, como «Dysfunctional professional».

Más tarde, en el mes de agosto de 2008 aparecería *Backyard Babies*, cercano al legado de Guns N' Roses, referentes siempre presentes en el cancionero de los suecos.

A pesar del actual hiato discográfico, Backyard Babies mantienen una actividad de conciertos constante, participando en las ediciones de 2015 festivales como el Sweden Rock, el Nova Rock austríaco o el Southside alemán.

Bad Company

Reminiscencias zeppelinianas

1973
Londres, Gran Bretaña

Fichados en 1973 por la compañía discográfica creada por Led Zeppelin, Swan Song, la idiosincrasia de Bad Company se basa en la inconmesurable voz de Paul Rodgers y las diestras composiciones del guitarrista Mick Ralphs.

La piedra de toque de su discografía la conforman sus primeros álbumes, *Bad Company* (1974) y *Straight Shooter* (1975), números 1 y 3, respectivamente, en Estados Unidos y de los que en su época fueron éxitos los temas «Movin' on», «Can't get enough», «Feel like makin' love» y «Good lovin' gone bad».

No obstante, otros temas también llamaron la atención de prensa, público y camaradas de profesión, como por ejemplo «Ready for love», versioneada por Mott The Hoople, «Weep no more» o «Shooting star».

Run With the Pack (1976) significó, sin embargo, una merma cualitativa en su discografía, a pesar de contener temas destacables como el que daba título al álbum, «Sweet li'l sister» o la versión de los Coasters «Young blood».

Después vendrían títulos menos logrados —*Burnin' Sky* (1977), *Desolation Angels* (1979), *Rough Diamonds* (1982)—, que los abocaron a una separación momentánea hasta que en 1986 la banda volvió al negocio musical aunque sin la incalculable participación de Rodgers, substituido por Brian Howe (exWhite Spirit y exTed Nugent), con el que se grabaron *Fame & Fortune* (1986), disco de tono menor, al igual que los siguientes *Dangerous Age* (1988), *Holy Water* (1990), *Here Comes Trouble* (1992), *Company of Strangers* (1995) y *Stories Told & Untold* (1996).

En 1998 se reunió la formación original, que hasta 2002 ofrecería diversos conciertos y grabó cuatro nuevas canciones incluidas en el recopilatorio *The Original Bad Company Anthology* (1999), dos autoría de Ralphs y dos de Rodgers: «Down a runaway», «Ain't it good», «Hammer of love» y «Hey, hey», respectivamente.

A partir de entonces, y a pesar del fallecimiento de Boz Burell en 2006, Bad Company han continuado actuando en festivales como el Sweden Rock (2012) o, ya en 2013 y 2014, compartiendo giras con Lynyrd Skynyrd.

Bad English

Apuesta al número 1

1987-1991
Los Angeles, Estados Unidos

Efímero quinteto de lujo formado en 1988 por el guitarrista de Journey, Neil Schon, y el cantante John Waite, a instancias de Epic Records, sello con el que Waite había firmado anteriormente como artista en solitario. El resto de la banda la formaron el teclista Jonathan Cain, el bajista Ricky Phillips y el batería Deen Castronovo.

El debut discográfrico del grupo llegó en el mes de junio de 1989 con el homónimo *Bad English*, producido por Richie Zito y top 20 en Estados Unidos gracias al crisol de rock AOR y power ballads. De él, además, fueron éxito los temas «When I see you smile», original de Diane Warren, y «Pri-

ce of love», números 1 y 5, respectivamente, en Estados Unidos, aunque también alcanzaron repercusión popular otros cortes como «Forget me not», «Best of what I got», «Posesión» y «Heaven is a 4 letter Word», lo que demuestra el claro objetivo comercial con el que se planteó el álbum, al mismo tiempo un trabajo impecable y bien producido.

Dos años después, en el mes de agosto de 1991, llegaría la segunda y última producción del grupo, *Backlash*, producido por Ron Nevison y escrito por Waite y Cain, lo que ya da una pista del entonces desinterés de Neal Schon. De hecho, cualitativamente el disco resultó de una discreción que no pudo disimular ni el único single extraído de él, «Straight to your heart». De ahí que la escasa repercusión de *Backlash* acentuase los problemas internos de la banda, provocando la separación de ésta al cabo de poco.

Waite continuaría con su carrera en solitario, mientras que Schon y Caine reformarían Journey en 1996.

Pat Benatar

La señora del rock

Patricia Mae Andrzejewski
10 de enero de 1953
Nueva York, Estados Unidos

Benatar fue durante la década de los años ochenta del pasado siglo una de las voces femeninas de rock de mayor éxito internacional, gracias a una serie de canciones catapultadas por la cadena de televisión MTV.

Benatar realizó estudios de canto clásico, siendo descubierta por un cazatalentos de Chrysalis Records durante la segunda mitad de los años setenta en el transcurso de una actuación en el club Catch a Rising Star.

Con el apoyo del efectivo guitarrista Neil Geraldo, a la postre su marido, la cantante publicaría en 1979 su primer elepé, *In the Heat of the Night*, que

incluía los singles «Heartbreaker» y «We live for love» y uno de sus mejores trabajos discográficos junto al siguiente *Crimes Of Passion* (1980), el cual le valió el Grammy a la Mejor Cantante Femenina de Rock. Este segundo álbum incluía los hitsingles «Treat me right», «Hit me with your best shot» y «You better run». A partir del tercer elepé, *Precious Time* (1981), la discografía de Benatar, en su conjunto, se fue debilitando paulatinamente hasta que ello afectó los logros comerciales de *Seven The Hard Way* (1985), si bien hasta ese disco se habían sucedido una serie de éxitos como «Fire and ice» y «Promises in the dark», en 1981; «Shadows of the night», en 1982; «Looking for a stranger», en 1983; «We belong», en 1984, o «Sex as a weapon», en 1985.

Alejada de la primera línea del panorama musical, Benatar, no obstante, continúa en la actualidad ofreciendo actuaciones, principalmente en Estados Unidos, que han incluido una gira conmemorativa del 35 aniversario de su unión profesional con Giraldo.

Black Crowes

Sureños de otra época

1984-2015
Marietta, Estados Unidos

Bajo la influencia del rock legítimo de bandas como Faces, Rolling Stones o Humble Pie, Black Crowes, formados por los hermanos Chris y Rich Robinson, son uno de los mejores ejemplos de banda íntegra y meticulosa con su propuesta musical.

Su primer álbum, *Shake Your Money Maker* (1990), número 4 en Estados Unidos, significó toda una declaración de principios, en el que calidad y éxito comercial se dieron de la mano, gracias a canciones como «Twice as hard», «Jealous again», «Hard to handle», «She talks to angels» o «Seeing things».

A partir de entonces, el resto de su discografía ha mantenido un nivel igual de exigente, con álbumes de sonido clásico y cuidado como *The Southern Harmony and Musical Companion* (1992) y *Amorica* (1994), respectivamente números 1 y 11 en Estados Unidos.

El 25 de enero de 1996 actuaron como teloneros de los legendarios Jimmy Page y Robert Plant, y una vez que viesen la luz *Three Snakes and One Charm*

(1996) y *By Your Side* (1998), en 2000 el quinteto publicó el directo *Live at The Greek*, grabación que recogía un par de conciertos celebrados junto al mítico guitarrista de Led Zeppelin.

Sin embargo, y a pesar del reconocimiento incondicional de la prensa y el público mundial, tras el álbum *Lions* (2001), en 2002 los hermanos Robinson decidieron disolver temporalmente el quinteto para iniciar sus respectivas carreras en solitario. Así, Chris publicaría bajo el nombre de New Earth Mud un cd homónimo en 2002 y dos años después otro titulado *This Magnificient Distance*, mientras que Rich haría lo propio en 2004 con *Paper*.

Tras este lapsus, en 2005 Black Crowes regresaron a los escenarios para encarar una gira por Estados Unidos y ya en 2007 regresar al negocio discográfico con el flamante *Warpaint*, número 5 en Estados Unidos y demostración de que sus seguidores no se habían olvidado de ellos, como evidenció la gira por Australia, Europa y Estados Unidos. Esta nueva etapa del grupo concluyó, de manera también provisional en 2010, tras el directo *Before the Frost... Until the Freeze*, grabado entre los meses de febrero y marzo en el estudio de Levon Helm, el mítico batería de The Band.

Tras una nueva serie de conciertos en España, Italia, Holanda, Bélgica y Gran Bretaña a lo largo de 2011, en 2013 Black Crowes ofrecieron cinco conciertos en Gran Bretaña y veintiuno en Estados Unidos, preludio todos ellos de su último álbum hasta la fecha, *Wiser for the Time*, que recogía algunas de sus actuaciones en Nueva York celebradas en 2010. Después, la banda se sumiría en un nuevo intervalo de descanso, supuestamente definitivo tras el anuncio difundido en el mes de enero de 2015, roto por la publicación en solitario de Rich del álbum *The Ceaseless Sight*, en 2014.

Blackfoot

Rock sureño desde la cálida Florida

1969
Jacksonville, Estados Unidos

Formación clásica de rock sureño cuyo nombre se basa en el de la tribu de indios americanos Pies Negros, de la cual descendía su cantante guitarrista Rickey Medlocke, al que inicialmente acompañaron Charlie Hargrett (gui-

tarra), Jakson 'Thunderfoot' Spires (batería) y Greg T. Walker (bajo). A pesar de su permanencia como banda, Blackfoot no poseen una discografía muy extensa, si bien en ella se incluyen algunos discos de encomiable factura, pertenecientes todos ellos a su primera etapa, que comprende hasta 1985, y de la cual destacan *Strikes* (1979), *Tomcattin'* (1980) y *Marauder* (1981), los tres Top 50 en Estados Unidos, siendo las canciones más populares de este período «Train, train» y «Highway song», incluidas en el primero.

Casi veinte años después de la disolución de la formación original, en 2004 Spires, Walker y Hargrett dieron de nuevo vida a Blackfoot, aún sin contar con el decisivo Medlocke, miembro por entonces de Lynyrd Skynyrd y substituído por Bobby Barth, proveniente de los tejanos Axe.

A pesar de la muerte en el mes de marzo de 2005 de Spires, la banda continuaría su carrera, contando para ello con el austríaco Christoph Ullman, incorporación que devino en preludio de la llegada de nuevos miembros. Finalmente, en 2012, Medlocke retomaría las riendas del grupo, que giraría junto a Lynyrd Skynyrd.

En la actualidad, Blackfoot lo forman Sean Chambers (cantante y guitarra), Tim Rossi (guitarra), Brian Carpenter (bajo) y Matt Anastasi (batería).

Blue Cheer

Cincelados en un tiempo pasado

1967-2009
San Francisco, Estados Unidos

Poseedores de una discografía altamente interesante, Blue Cheer son un power trio considerado como uno de los precursores del posterior heavy metal. Formados por el cantante y bajista Dickie Peterson, el batería Paul Whaley y el guitarrista Leigh Stephens, Blue Cheer publicaron en el mes

de enero de 1968 el álbum *Vincebus Eruptus*, top 20 en Estados Unidos, que incluía la incendiaria revisión del clásico de Eddie Cochran «Summertime blues», que el trío llevó al número 14 en la lista de singles de la revista *Billboard*.

Tras la substitución de Stephens por Randy Holden, la banda lanzaría en el mes de agosto de aquel mismo año *Outsideinside*, mientras que en su tercer disco, *New! Improved! Blue Cheer*, publicado en marzo de 1969, participarían el vocalista y guitarra Bruce Stephens y el teclista Ralph Burns Kellogg. Tras una nueva entrada y salida de músicos, a finales de aquel mismo año apareció el cuarto álbum, *Blue Cheer*, manteniéndose la formación (Peterson, Kellogg, Mayell y Poder) en *The Original Human Being* (1970), cuyo apreciable avance artístico no evitó la disolución de la banda tras *Oh! Pleasant Hope* (1971), su disco menos relevante a nivel comercial y artístico.

No obstante, Dickie Peterson reunió al grupo en 1979, aunque no sería hasta 1985 cuando aparecería el nostálgico *The Beast Is Back*, disco que, bajo la producción de Paul Curcio y Carl Canedy, revisaba algunos de sus temas más populares. Ya en la década de los noventa, amparados por el interés de los músicos de la generación grunge, Blue Cheer publicaron *Highlights And Low Lives*, producido por Jack Endino y grabado durante una serie de conciertos por Europa.

Blue Öyster Cult

Adalides del *rock degeneration*

1967
Nueva York, Estados Unidos

Formados en Long Island (Nueva York), el génesis de Blue Öyster Cult se remonta a 1967, en el grupo psicodélico Cows, del que eran miembros Albert Bouchard, Allen Lanier y Donald 'Buck Dharma' Roeser, a los que

posteriormente se le uniría el cantante Eric Bloom. Tras varios cambios de nombre y ganarse por su sonido la reputación de «la banda más violenta de Nueva York», la discográfica CBS los ficha en 1971 y les publica su primer larga duración, *Blue Öyster Cult*, que genera en torno a la banda una polémica que los acusa de nazis, por el símbolo que aparece en la portada del álbum, obra del artista Bill Gawlik.

Sus dos siguientes álbumes, *Tyranny and Mutation* (1973) y *Secret Treaties* (1974), les valieron el favor de la prensa especializada, siendo considerados el eje central de su discografía, junto a los siguientes *On Your Feet or on Your Knees* (1975), uno de los mejores directos del rock duro, *Agents of Fortune* (1976), Top 30 en Estados Unidos, y *Spectres* (1977).

Con la llegada de la nueva década, BOC se amoldarían a la nueva generación de bandas metálicas, presentando dos discos interesantes: *Cultösaurus Erectus* (1980), producido por Martin Birch, y *Fire of Unknöwn Origin* (1981). Sin embargo, a partir de ese momento la carrera de BOC iría decreciendo en interés y popularidad, hasta que a partir de los años noventa el grupo va cesando paulatinamente su actividad, a excepción de la publicación de *Heaven Forbid* (1998) y, el que se puede considerar su último gran álbum en estudio, *Curse of the Hidden Mirror* (2001). En la actualidad, BOC continúan ofreciendo actuaciones con regularidad en Estados Unidos, que corroboran el porqué son uno de los nombres ilustres del hard rock.

Bon Jovi

El éxito eterno

1983
Sayreville, Estados Unidos

En torno a Jon Francis Bongiovi, conocido artísticamente como Jon Bon Jovi, gira la historia de Bon Jovi, quizá la banda más representativa del denominado hair metal de los años 80, gracias a una revisión del rock AOR, popular a finales de la década anterior.

Los orígenes del quinteto se remontan al paso de Bongiovi y del teclista Dave Bryan por Atlantic City Expressway, trasladándose ambos después a Nueva York para formar parte de los Wild Ones. Pero gracias a su tema

«Runaway», Bon Jovi captó el interés del sello Polygram, lo que le llevaría a reunir a los futuros músicos de la banda: el bajista Alec John Such, el bateria Tico Torres y el guitarrista Richie Sambora.

Con ellos, en 1984 publicaría el disco *Bon Jovi*, producido por su tío, Tony Bongiovi, y cuyo primer single fue precisamente «Runaway», Top 40 en Estados Unidos. Un año después aparecería *7800 Fahrenheit*, de menor éxito, aunque número 37 en la lista de álbumes de la revista *Billboard*.

El éxito arrollador llegaría con el multiventas *Slippery When Wet* (1986), número 1 en Estados Unidos y del que se extraerían los singles «You give love a bad name», «Wanted dead or alive», «Never say goodbye» y el clásico «Livin' on a prayer», número 1 en Estados Unidos. El disco, junto a su predecesor, *New Jersey* (1988), también número 1 en USA, conforman el punto culminante de la obra de Bon Jovi.

Tras escribir la banda sonora de la película *Arma Joven*, que en formato disco llevó por título *Blaze of Glory* (1990), en 1991 el quinteto lanza *Keep the Faith*, número 5 en Estados Unidos y del que fueron éxito los temas «Bed of roses», «I'll sleep when I died», «In these arms» y «Keep the faith».

Establecidos como una de las grandes bandas del rock internacional, Bon Jovi, tras la expulsión de John Such en 1994 (substituido por Hugh McDonald), grabarían regularmente nuevos álbumes en estudio, como *These Days* (1995) y *Crush* (2000), ambos número 1 en Estados Unidos; *Bounce* (2002), *Have a Nice Day* (2005) y *Lost Highway* (2007) y *The Circle* (2009), estos dos últimos nuevos número 1 en la lista de discos de la revista *Billboard*.

What About Now (2013) es el último, y para muchos el menos logrado disco de Bon Jovi, quienes en 2014 sufrieron la inesperada, y supuestamente provisional, salida de Richie Sambora.

Boston

La fórmula magistral de Tom Scholz

1975
Boston, Estados Unidos

Boston es, sin duda, un caso especial en el rock. Una breve discografía, seis álbumes, repartida en un más que extenso período temporal, más de cuatro

décadas, y erigida sobre los designios de un único artífice, el compositor y guitarrista Tom Scholz (10 de marzo de 1947, Toledo, Ohio, Estados Unidos), un ingeniero electrónico que creó el que sería el primer álbum de la banda en su propio estudio casero, acompañado por el guitarrista Barry Gourdreau, el cantante Brad Delp, el bajista Fran Sheehan y el batería John Hashian.

Con esta alineación, Scholz fichó en 1975 con la discográfica Epic, que al año siguiente distribuía el disco homónimo, *Boston*, un éxito tan inesperado como arrollador, número 3 en Estados Unidos, que se convirtió en el debut discográfico más vendido hasta aquel entonces y del que se extrajeron como singles los temas «More than a feeling», «Long time» y «Peace of mind».

La gran repercusión de *Boston* obligó a Scholz a dedicar dos largos años a la composición, grabación y producción del siguiente trabajo, *Don't Look Back* (1978), número 1 en Estados Unidos, el cual vio la luz por exigencias de la compañía discográfica. Esta decisión, que respondió a cuestiones puramente comerciales, convenció a Scholz de producir el tercer disco de

Boston sin una fecha concreta de lanzamiento. De ahí que no fuese hasta ocho después, ya solo con Scholz y Delp como miembros originales en activo, cuando se publicó *Third Stage* (1986), número 3 en Estados Unidos y disco que contenía los singles *Amanda*, número 1 en el Top 100 de la revista *Billboard*, y *We're ready*

Después, a la parsimonia de Scholz para publicar nuevo material se le sumaron dos causas judiciales que lo mantuvieron alejado del negocio musical, una interpuesta por Goudreau (quien en 1992, y junto a Delp, que se suicidaría en 2007, editaría el álbum *Return To Zero*, bajo el nombre de RTZ) y otra por Epic, que demandó al músico por incumplimiento de contrato en base a la demora en la presentación de los discos. En ambos pleitos la justicia falló a favor de Scholz, que en 1994, y a través de MCA, publicaría *Walk On*, ya como único líder de Boston.

Con la llegada del nuevo milenio, la discografía de Boston/Scholz se ampliaría con dos nuevos títulos: el correcto *Corporate America* (2002), en cuya creación fue decisivo Anthony Cosmo, y, seguido de otro largo período de silencio, *Life, Love & Hope* (2013), que a diferencia de su predecesor volvía a ser en su totalidad obra de Scholz.

Britny Fox

Bastardos solitarios del sleazy rock

1985
Philadelphia, Estados Unids

Como una más de las múltiples formaciones surgidas al cobijo del vertiginoso torbellino creado por los angelinos Guns N' Roses, Britny Fox encontraron su pequeña parcela dentro del negocio musical a finales de los años 80. De ahí que, aunque formados en Philadelphia en 1985 por el cantante y guitarra rítmica Dean Davidson, el guitarrsita Michael Nelly Smith, el bajista Billy Chile y el batería Johnny Dee, Britny Fox, saltasen a la palestra discográfica en 1988, con un álbum homónimo que se encumbró hasta el Top 40 norteamericano y que obtuvo el estatus de Disco de Oro, gracias a piezas de corte sleazy, como «Girlschool» y, especialmente, «Long way to love», desarrolladas bajo un estilo en deuda con los

Stones más rockeros y los Aerosmith más rítmicos.

Su siguiente disco, *Boys In Heat* (1989), se benefició del éxito de su predecesor, aunque solo llegó al número 79, y de la repercusión de las canciones «Standing in the shadows» y «Dream on». Pero sepultada la 'era sleazy' por la del grunge, Britny Fox sucumbieron al olvido del gran público tras la publicación de *Bite Down Hard* (1991), para el cual Tommy Paris había ocupado el puesto de Davidson. Tras casi una década lejos de los escenarios, en 2003 la banda intentó su regreso con el poco convincente *Springhead Motorshark*, fallido intento por adecuarse a los nuevos tiempos, aunque los mantuvo en activo hasta 2008, para después, en 2014, regresar a la actividad musical, una vez más.

Buckcherry

La provocación como reclamo

1995

Anaheim, Estados Unidos

La trayectoria de Buckcherry, formados en 1995, comprende dos períodos. El primero culminó en 2002, cuando la banda se disolvió tras la publicación de sus dos discos más populares, el brillante y poderoso *Buckcherry* (1999), producido por Terry Date y Steve Jones, y el menos reivindicado *Time Bomb* (2001).

Con Yogi Lonich como segundo guitarrista, en aquel entonces Buckcherry serían invitados a participar en la nueva edición del Festival de Woodstock, oferta que demostraba la fuerza con la que la banda había incurrido en el panorama musical anglosajón. Sin embargo, la mala acogida de *Time Bomb* y las tensiones internas, que provocaron la salida del citado Lonich, así como la del bajista Jonathan Brightman y el batería Devon Glenn, desembocaron en la disolución de Buckcherry, situación que hizo que Josh Todd estuviese

a punto de entrar en Velvet Revolver, el proyecto de Slash, Duff McKagan y Matt Sorum, los tres exGuns N' Roses, aunque finalmente el puesto de vocalista recaería en Scott Weiland, de Stone Temple Pilots.

No obstante, tres años después Todd y Keith Nelson reavivarían Buckcherry, acompañados por Stevie D (guitarra), Xavier Muriel (batería) y Jimmy Ashhurst (bajo), con los que grabaron *15* (2006), álbum que contenía dos de las canciones más populares del grupo: «Crazy bitch» y «Sorry», ambas Top 10 en Estados Unidos.

El cuarto álbum, *Black Butterfly*, número 8 en Estados Unidos, llegaría a finales del verano de 2008 y coincidió con una extensa gira en la que el quinteto además de compartir escenario con Papa Roach, Sixx AM y Trapt, incluiría su participación en el Crüe Fest, de Mótley Crüe y, ya en 2009, algunos conciertos abriendo para Kiss.

La frenética agenda del quinteto continuaría tras el lanzamiento de *All Night Long* (2010), promocionado mediante otra extensa gira que recorrería Estados Unidos, Canadá, México, Chile, Argentia y Brasil, regresando a su país para ser los teloneros de Guns N' Roses.

En los últimos años, Buckcherry, establecidos en el *mainstream* musical, han continuado publicando discos con Josh Todd como su principal valedor: en 2013 presentaban *Confessions* y, ya en 2014, el EP de polémico título, *Fuck*, formados por seis canciones con títulos que incluyen el citado término, como «Say fuck it» o «Fist fuck».

C

Cheap Trick

Melodías vigorosas

1972
Rockford, Estados Unidos

Aún activos en la actualidad, Cheap Trick fueron durante la segunda mitad de los años 70 una de las bandas más importantes del mercado estadounidense, gracias a una hábil combinación entre hard rock y melodías pop. Formados en 1967 por Rick Nielsen (guitarra) y Tom Petersson (bajo), por entonces bajo el nombre de Grim Reaper, en 1972 pasarían a denominarse definitivamente Cheap Trick, tras la incorporación de Bun E. Carlos (batería). Dos años después se les sumó Robin Zander, aunque no sería hasta 1976 cuando el productor Jack Douglas intercedió por ellos ante el sello Epic, consiguiendo que al año siguiente publicasen su primer álbum, *Cheap Trick*, seguido seis meses después por *In Color*, producido por Tom Werman y el cual les permitiría embarcarse en diversas giras como teloneros de artistas reputados como Kiss, Foreigner, Boston o Kansas.

Después de *Heaven Tonight* (1978), Cheap Trick alcanzarían el éxito internacional gracias a la versión en directo de «I want you to want me», número 7 en Estados Unidos, extraída del disco *At Budokan* (1978), número 4 en Estados Unidos.

En 1979 llegaría otro gran trabajo, *Dream Police*, número 6 en Estados Unidos y producido por George Martin, el que fuera productor de los Beatles. La conexión con el cuarteto de Liverpool continuaría meses después, ya que Zander y Nielsen participarían en las sesiones de grabación del último disco de John Lennon, *Double Fantasy* (1980), y más de dos décadas después, en 2007, con una serie de conciertos en Las Vegas interpretando al completo el mítico *Sgt. Pepper's Lonely Hearts Club Band* (1967), actuaciones que quedarían recogidas en el álbum de directo *Sgt. Pepper's Live* (2009).

Sin embargo, y tras el impecable capítulo discográfico de los años 70, con la publicación de *All Shock Up* (1981) y la marcha de Petersson la banda comenzó un declive del que se recuperarían con el éxito del single *The flame*, número 1 en Estados Unidos (incluido en el álbum *Lap of Luxury*) y el posterior reingreso de Petersson, recuperando así su condición de grandes nombres del rock, con discos tan recomendables como *Rockford* (2006), vademécum de melodías perfecta y guitarras enérgicas.

Cinderella

El cuento se hizo realidad

1983
Philadelphia, Estados Unidos

Cuando Cinderella publicaron en 1986 *Night Songs* los más osados los consideraron una burda imitación de Bon Jovi. Craso error, puesto que la propuesta musical Tom Keifer (cantante y guitarra), Jeff LaBar (guitarra), Eric Brittingham (bajo) y Fred Coury (batería) está mucho más en deuda con el cancionero de AC/DC o Aerosmith que con la banda de Jon Bon Jovi, quien, no obstante, fue el responsable de que Mercury Records fichase al cuarteto de Filadelfia.

La confirmación de que Cinderella iba a ser una de las más interesantes bandas americanas de hard rock llegaría con su segundo elepé, *Long Cold Winter* (1988), en el que expusieron su gusto por el blues y el rock de altos vuelos.

Al igual que el resto de formaciones *sleazy rock* surgidas en California a finales de los ochenta, Cinderella se vieron afectados por el grunge, y su álbum *Still Climbing* (1994) se toparía con el desinterés y la oposición de la todopoderosa MTV y de las radios americanas de alcance nacional. No obstante, Cinderella han sabido mantener su reputación de banda inspira-

da y profesional actuando regularmente, como la gira de 2002 por Estados Unidos, en la que compartieron escenario con Poison, Dokken y Slaughter, o el Monsters of Rock Cruise de 2013, en el que coincidieron con Tesla, Kix y Queensrÿche.

Circus of Power

Malditos, pero respetados

1986 – 1995
Nueva York, Estados Unidos

Surgidos a raíz del movimiento musical de sleazy rock liderado a finales de los años 80 por los angelinos Guns N' Roses, Circus Of Power fueron una banda de carácter propio que conectaron con el sector «motero» interpretando un hard rock de estilo tradicional.

Formados en 1986 en Nueva York, de sus *riffs* y ritmos rudos, obra de Ryan Maher y Alex Mitchell, batería y cantante, respectivamente, surgieron tres discos cuya repercusión alcanzó al público erudito, pero que no contaron ni con el apoyo del gran público y ni con el de la crítica.

De ahí que su álbum de debut, el ejemplar *Circus of Power* (1988), viese tremendamente mermada su distribución comercial, tan solo número 185

en Estados Unidos, a pesar de incluir un tema del mismisimo Iggy Pop, *Crazy*, escasa trascendencia que se les concedió a los siguientes *Vices* (1990) y *Magic & Mandess* (1993).

La mala suerte los abocaría a su disolución en 1995, aunque desde entonces se han vuelto a reunir en algunas ocasiones, como en 2006, para ofrecer dos conciertos celebrando el vigésimo aniversario de su formación; en 2008, con motivo de los eventos Republic of Texas Biker Rally y Sturgis Biker Rally, y, finalmente, el 27 de junio de 2009, en el Knitting Factory Factory de Los Angeles. En estas cinco ocasiones, la banda demostró lo cruel de un negocio que solo parece mimar a unos pocos elegidos.

Alice Cooper Band

Shock rock y degeneración fantástica

1964
Phoenix, Estados Unidos

Alter ego musical de Vincent Damon Furnier (4 de febrero de 1948, Detroit), Alice Cooper fueron abanderados del denominado shock rock, siendo apadrinados en sus comienzos por nada menos que el genial Frank Zappa, para cuyo sello discográfico publicaron sus dos primeros discos, *Pretties For You* (1969) y *Easy Action* (1970), cuya combinación de rock y psicodelia obtuvo una escasa repercusión comercial que obligó al grupo a trasladarse a Detroit. Allí contactaron con el productor Bob Ezrin, que los condujo hacia un estilo más duro, dando lugar a los álbumes clásicos *Love It To Death* (1971), *Killer* (1971), *School's Out* (1972) y *Billion Dollar Babies* (1973).

Tras el siguiente *Muscle of Love* (1973) la banda se separaría, aunque Furnier continuaría como Alice Cooper, publicando en 1975 *Welcome to my Nightmare*, también producido por Ezrin. Hasta bien entrados los años 80, Cooper/Furnier presentó una discografía irregular, en parte debido a sus

problemas con el alcohol, años de los cuales tan solo cabría destacar *From the Inside* (1978).

Finalmente, en 1989 aparecería *Trash*, producido por el productor y compositor de éxito Desmond Child y disco que contenía el hit single «Poison». Desde entonces, y hasta la fecha, Copper/Furnier han publicado una decena de títulos de los que cabe destacar *The Last Temptation* (1994), *Brutal Planet* (2000), *Dragontown* (2001) y *Welcome 2 My Nightmare* (2011), este último de nuevo bajo la producción de Bob Ezrin y nuevos eslabones que lo elevan a la categoría de maestro del rock como espectáculo.

Creed

Referentes del post-grunge

1993-2012
Tallahassee, Estados Unidos

Autores de un hard rock de tintes apocalípticos, los orígenes de Creed se remontan a cuando se formaron bajo el apelativo de Naked Toddler, con Scott Stapp (cantante), Mark Tremonti (guitarra), Brian Marshall (bajo) y Scott Phillips (batería).

Jeff Hanson, propietario de uno de los clubs en los que tocaban por aquel entonces, convenció a John Kurzwegg para que les produjese su primer álbum, *My Own Prison* (1997), que poco después sería distribuido a escala estadounidense a través del sello Wind Up Records. El disco fue un éxito inesperado y se coló en el Top 30 de la revista *Billboard*, captando la atención del publico gracias a canciones como «My own prison», «Torn», «What's this life for» y «One».

El segundo álbum, *Human Clay*, junto a su predecesor lo más selecto de la breve discografía de la banda, llegaría en 1999, consiguiendo el primer puesto de las listas de éxitos de Estados Unidos, al igual que *With Arms Wide Open*.

Tras reemplazar a Marshall por Brett Hestla, a finales de 2001 aparecería «My sacrifice» (Top 10 en la lista de singles norteamericanas), adelanto del último álbum de su primera fase como banda, *Weathered*, tambien número 1 en Estados Unidos. Inmediatamente después de aquella primera disolución, efectiva el 14 de julio de 2003, Stapp grabaría un álbum, *The Great Divide*, mientras que en 2004 Tremonti, Phillips y Marshall formarían Alter Bridge, con Myles Kennedy como vocalista. No obstante, en el mes de abril de 2009 Creed decidirían reunirse y publicar seis meses después su cuarto álbum, *Full Circle*, número 2 en Estados Unidos. Sin embargo, el retorno se finiquitaría en 2012, puesto que Alter Bridge decidieron continuar con su trayectoria publicando, en 2013, el álbum *Fortress*.

The Cult

La fiel perspectiva del hard rock anglosajón

1983

Bradford, Gran Bretaña

Más que referentes ineludibles del rock británico, The Cult son una de las bandas clásicas e indiscutibles del hard rock mundial.

Formados por Ian Astbury, Billy Duffy, Jamie Stewart y Ray Mondo, The Cult evolucionaron rápidamente del rock gótico de sus inicios hasta el hard rock, estilo con el que grabaron uno de los títulos más imprescindibles de los años 80, *Electric* (1987). Con el siguiente, *Sonic Temple* (1989), otro de

los mejores referentes musicales del género, consiguieron adentrarse en las listas de éxitos de Estados Unidos.

Tras los menos logrados *Ceremony* (1991) y *The Cult* (1994), la banda, definitivamente liderada por Astbury y Duffy, decidió separarse, aunque a finales de los años 90 decidieron reunirse y grabar el álbum *Beyond Good and Evil* (2001), que les devolvió a una segunda etapa de esplendor, jalonada por tres nuevos discos, de los cuales *Choice of Weapon* (2012) es el mejor ejemplo de la incontestable grandeza de esta formación, a la espera de un prometido nuevo disco para 2015 del que el propio Duffy ha asegurado contendrá «muchas guitarras heavy».

D

Damn Yankees

El lucrativo desliz de Ted Nugent

1989-2001
Los Angeles, Estados Unidos

Considerado como uno de los supergrupos que ha tenido el rock americano, este efímero cuarteto de hard rock AOR lo formaron en 1989 el cantante y bajista Jack Blades (exNight Ranger), los guitarristas Tommy Shaw (exStyx), Ted Nugent y el batería Michael Cartellone (Lynyrd Skynyrd).

Su primer álbum, *Damn Yankees* (1990), producido por Ron Nevison, fue un gran éxito comercial, gracias en buena parte a la balada «High enough», número 3 en Estados Unidos, y a un estilo que recordaba a las pautas de otras bandas *mainstream*, como Def Leppard. La correspondiente gira del disco, del que también se extrajeron los singles «Coming of age», «Come again», «Runaway» y «Bad reputation», duró nada menos que dieciocho largos meses, durante los cuales Damn Yankees compartieron escenario con bandas como Bad Company y Poison.

Después, en 1992 publicarían *Don't Tread*, Top 20 en Estados Unidos y del que fueron singles los temas «Where you goin' now» (número 20 en Estados Unidos), «Don't tread on me», «Silence is broken» y «Mister please» y si bien llegaron a iniciar la producción de un tercer álbum, los temas registrados acabarían apareciendo en los diferentes futuros discos de los miembros de la banda, ya que en 1993 Nugent decidiría retomar su carrera. Por su parte, Shaw y Blades intentaron seguir juntos, publicando en 1995 el álbum *Hallucination*, que al no tener una acogida benévola hizo que ambos regresasen a sus respectivas bandas originales. Aún así, el 15 de enero de 2010 Damn Yankees se reunirían excepcionalmente para ofrecer un concierto acústico nostálgico durante el NAMM (National Association of Music Merchants), celebrado en la ciudad de Anaheim (California).

Danzig

Ocultismo musical

1987
Lodi, Estados Unidos

Tras la disolución de los Misfits en 1983, Glen Danzig formó Samhain, junto al guitarrista Pete Marshall, el bajista Eerie Von y el batería Steve Zing y con los que publicaría dos álbumes tan interesantes como olvidados a día de hoy: *Initium* (1984) y *November-Coming-Fire* (1986).

El cambio del nombre de Samhain a Danzig se produciría en 1987, una vez el grupo fue acogido por el sello Def American, propiedad de Rick Rubin, quien precisamente produciría los cuatro primeros discos de Danzig: *Danzig* (1988), *Lucifuge* (1990), *How the Gods Kill* (1992) y *Danzig 4* (1994), considerados como el núcleo de la discografía de la banda. Curiosamente, durante este período Glenn, admirador de Wagner, Prokofiev y Carl Orff, se acercó a la música clásica con el álbum *Black Aria*, sorprendente número

1 en la lista clásica de la revista *Billboard* y obra que tendría continuidad en 2006, con el álbum *Black Aria II*.

A pesar de la fructífera relacion entre Danzig y Rubin, en 1996 la banda cambió de sello, Hollywood Records, para el que grabó *Blackacidevil*, resultado de un cambio radical de estilo, para lo cual contó con Joseph Bishara, en los teclados; Joey Castillo, en la batería, y Jerry Cantrell (Alice In Chains) y Mark Chaussee a las guitarras. Pero la mala acogida que obtuvo el disco hizo que Glenn no volviera a lanzar un nuevo trabajo hasta tres años después, *6:66 Satan's Child*, cuya publicación coincidió con la reunión de Samhain, aunque sin Von Eerie y con Todd Youth en substitución de Marshall, por entonces comprometido con Iggy Pop.

Los dos álbumes siguientes, *I Luciferi* (2002) y *Circle of Snakes* (2004), evolucionaron hacia una atmosfera goth metal, teniendo como telón de fondo la instauración, en 2003, del Blackest of the Black, evento que proporcionó la difusión de bandas metálicas como Dimmu Borgir, Opeth, Superjoint Ritual o Lacuna Oil. En los últimos años, además de mantener en activo a Danzig, que publicaron en 2010 del disco *Death Red Sabaoth*, y los conciertos esporádicos con Samhain, Glenn Danzig dirige Verotik, una editorial de comics cuya temática combina violencia y erotismo.

The Darkness

Retro-hardrockeros británicos

2000
Suffolk, Gran Bretaña

De incuestionable sonido hard rock clásico (algunos críticos los definen como una banda de 'hard rock satírico'), este cuarteto lo formaron en el año 2000 los hermanos Justin (cantante y guitarra) y Dan Hawkins (guitarra) junto al bajista Frankie Poullain y el batería Ed Graham.

A los Darkness el éxito les sobrevino de manera inmediata tras la publicación de su sengundo sencillo, «I believe in a thing called love», flamante número 1 en las listas de éxitos de Gran Bretaña, justo en un momento en el que el rock comenzaba a recuperar el terreno perdido tras años de hypes comerciales. El tema pertenecía al álbum de debut, *Permission to Land*, gra-

bado con escasos recursos económicos, pero del cual, por el contrario, se venderían cuatro millones de copias en todo el mundo, entrando, además, en el Top 40 de Estados Unidos..

Dos años después aparecería en el mercado *One Way Ticket to Hell... and Back*, producido por el legendario Roy Thomas Baker, productor, entre otros muchos, de los mejores discos de Queen, una de las referencias de The Darkness (algunos consideran a Justin Hawkins el heredero natural de Freddie Mercury). *One Way Ticket to Hell...* sería Disco de Oro en Gran Bretaña y, aunque no fue tan bien recibido por la crítica como su predecesor, obtuvo tres Brit Awards: al Mejor Artista de Rock, al Mejor Grupo Británico y al Mejor Álbum Británico.

Pero las presiones profesionales y demás problemas internos en el seno del grupo desembocaron en la marcha de Pullain en 2005 (siendo reemplazado por Richie Edwards) y, en el otoño de 2006, la del propio Justin Hawkins, debido más a sus serios problemas con las drogas que al firme propósito de iniciar una carrera en solitario. Así que tras superar la adicción y comprobar lo irresoluto de su trayectoria al frente de Hot Leg, que en 2009 publicaron el álbum *Red Light Fever*, The Darkness se reunieron en 2011 para lanzar su tercer álbum de estudio, *Hot Cakes* (2012), Top 50 en Estados Unidos y cuya promoción incluyó la sorprendente incorporación de la banda como telonera en la gira de Lady Gaga The Born This Way Ball World.

A finales de 2014, la banda ficharía como nueva batería a Emily Dolan Davies, con la que grabaría el disco *Last Of Our Kind* (2015), aunque para la correspondiente gira contarían con Rufus Taylor, hijo del batería de Queen Roger Taylor.

Deep Purple

La señorial saga del heavy rock

1968
Hertford, Gran Bretaña

Deep Purple, junto a Led Zeppelin y Black Sabbath, son una de las mayores aportaciones al rock duro, puesto que sin el legado de ninguno de ellos, maestros artesanos del heavy rock, difícilmente podría entenderse la evolución del género.

Tras haberse formado en 1968 en Hertfordshire, Inglaterra, bajo el nombre de Rondabout, en 1970 aparecería su cuarto álbum, el gran clásico *Deep Purple In Rock*, en el que intervino la formación más afamada del grupo: Ian Gillan, Ritchie Blackmore, Ian Paice, Roger Glover y John Lord.

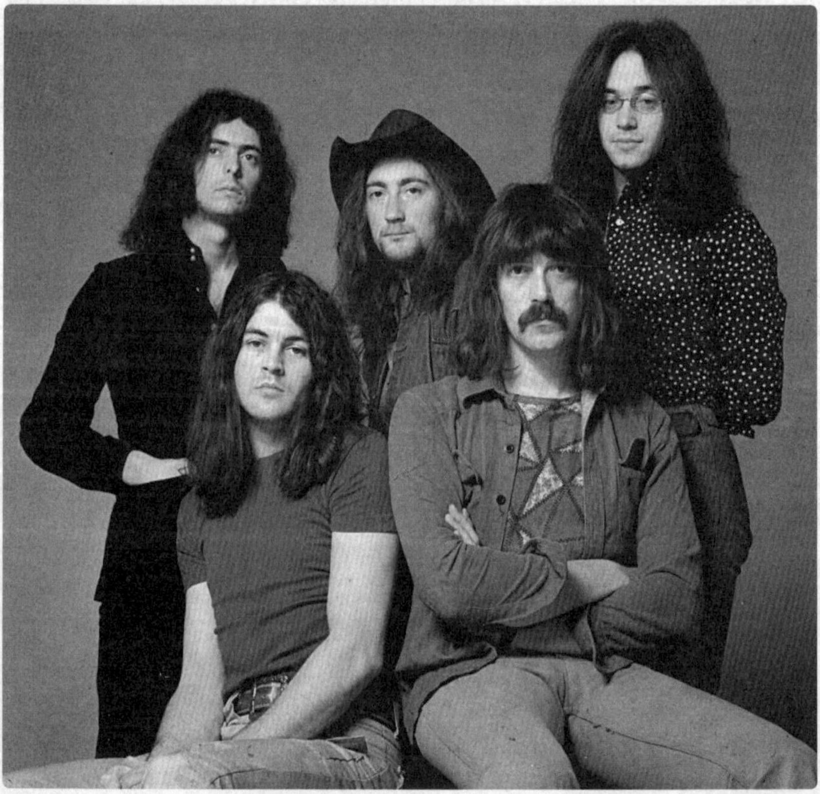

El siguiente, *Machine Head* (1972), además de su mayor éxito comercial hasta entonces, se convirtió también en su primera obra maestra, gracias a temas como «Smoke on the water», dotado del *riff* más famoso del rock, o «Highway star». Tras el directo *Made In Japan* (1972), clásico de los discos en directo de rock, Gillan y Glover abandonaron el grupo, siendo reemplazados por Glen Hughes y David Coverdale, quienes acercaron a los Purple al rhythm and blues.

En 1975, Blackmore también abandonaría la banda para formar Rainbow, otra banda mítica del rock duro, siendo su lugar ocupado por el malogrado Tommy Bolin. Pero meses después el grupo decidió separarse tras el concierto del 15 de marzo de 1976 en el Empire Theatre de Liverpool.

No obstante, en 1984 Gillan, Blackmore, Paice, Lord y Glover se reúnen y publican *The House of Blue Light*, disco que se alejaba de sus grandes grabaciones del pasado y cuya grabación avivó las viejas rencillas entre Gillan y Blackmore; de ahí que en 1989 el primero fuese despedido y substituído por Joe Lynn Turner, a su vez reemplazado pródigamente en 1992 por Gillan, con el que los Purple grabaron *The Battle Rages On*. Fue entonces Blackmore quien abandonaría definitivamente la banda, ocupando su lugar Steve Morse. Posteriormente, en 2002 John Lord (fallecido en 2012), también dejaría el grupo, siendo substutído por Don Airey.

El último disco publicado hasta la fecha por Deep Purple, *Now What?!* (2013), con Gillan, Morse, Glover, Paice y Airey confirmaba la capacidad de unos músicos dotados de un enorme talento y con una propuesta que sigue vigente tras más de cuatro décadas.

Def Leppard

El desembarco del hard rock británico en USA

1977
Sheffield, Gran Bretaña

Def Leppard son el ejemplo perfecto de poderosas guitarras al servicio de las melodías y las listas de éxitos.

Tras autoproducirse en 1978 su primera grabación, el EP *Getcha Rocks Off*, la producción de su primer disco, *On Through the Night* (1980), a cargo de Tom Allom, no satisfizo a la banda, de ahí que a partir del siguiente decidiesen contar con John «Mutt» Lange como productor. Con él grabaron *High and Dry* (1981) y *Pyromania* (1983), del que, ya con Phil Collen como guitarrista, fue single superventas el tema «Photograph». Pero el incipiente éxito a ambos lados del Atlántico se vio empañado por el accidente de circulación que sufrió el batería Rick Allen, debido al cual perdió el brazo izquierdo. A pesar del funesto incidente, el grupo decidió seguir contando con él, encargando la construcción de una batería que se adaptase a su limitación física y con la que grabarían su mayor éxito comercial, el álbum *Hysteria* (1988), con unas ventas de veinte millones de copias en la actualidad.

Por desgracia, la tragedia volvería a cernirse en el quinteto británico, con el fallecimiento, a principios de 1991, de su guitarrista Steve Clark. Su substituto fue Vivian Campbell (Sweet Savatage, Dio, Thin Lizzy), junto al cual Def Leppard han continuado con una carrera ininterrupida de giras por todo el mundo y una serie de nuevos discos de sonido comercial, aunque sin obviar la calidad, de entre los que destacan *Euphoria* (1999) y *Yeah!* (2006).

Dokken

El refinamiento del pop metal

1976
Los Angeles, Estados Unidos

Una de las referencias más selectas del pop metal son, sin duda, Dokken, cuarteto formado, bajo el nombre original de The Boyz, de la mano del guitarrista George Lynch y el cantante Don Dokken.

Tras algunos años dándose a conocer en los clubs de Sunset Strip, en 1983 grabarían su primer álbum, *Breaking The Chains*, promocionado con una gira por Alemania, tras la cual Dokken firmaron con Elektra Records, sello a través del cual en 1984, ya con Jeff Pilson como bajista, publicaron *Tooth And Nail*, disco que inicia el clímax de su discografía, formado por los siguientes *Under Lock and Key* (1985), *Back for the Attack* (1987) y el directo *Best from the East* (1988). Tras este último, las malas relaciones entre Dokken y Lynch provocaron la disolución temporal del grupo, hasta que en 1995 el influyente ejecutivo discográfico John Kalodner logró reunirlos de nuevo, haciendo que firmasen con Columbia Records, sello con el que publicaron *Dysfunctional*, seguido, ya en 1997, por *Shadowlife*.

En 1998 Lynch abandonó definitivamente la banda, siendo substituido sucesivamente por Reb Beach —con el que Dokken grabaron *Erase The Slate* (1999)—, John Norum (*Long Way Home* (2002) y Jon Levin (*Broken Bones* (2012), lo que ha hecho que Dokken acabe siendo el proyecto particular del vocalista que le da nombre.

Dream Theater

La técnica al servicio de la música

1985
Boston, Estados Unidos

Formados bajo el nombre de Majesty por Mike Portnoy, John Myung y John Petrucci (después se les unirían James LaBrie y, a finales de los años 90, Jordan Rudess), Dream Theater es la banda más emblemática del metal progresivo de las últimas dos décadas, gracias a la insuperable técnica de cada uno de sus miembros y a una discografía de gran calidad que se inició con el álbum *When Dream & Day Unite* (1989), seguido de *Images and Words* (1992), su disco más vendido, Disco de Oro en Estados Unidos y número 61 en la lista de éxitos de la revista *Billboard*.

Awake (1994) y *A Change of Seasons* (1995) se mantendrían en la línea de sus grandes producciones, categoría en la que se circunscriben otros títulos posteriores como *Metropolis, Pt 2: Scenes from a Memory* (1999), *Six Degrees of Inner Turbulence* (2002) y *Train of Thought* (2003).

Con *A Dramatic Turn of Events* (2011), con Mike Mangini a la batería, Dream Theater consiguieron el primer puesto de la lista Rock Chart británica, mientras que la canción «On the backs of angels» fue nominada a los Grammy en la categoría de Mejor Interpretación de Hard Rock/Metal.

El último disco hasta la fecha de la formación neoyorquina es *Dream Theater*, un buen trabajo publicado el 23 de septiembre de 2013 que los mantiene como los adalides de su estilo.

E

Enuff Z'Nuff

El talento que devoró la industria

1984
Chicago, Estados Unidos

Cuarteto a medio camino entre el hair metal y el power pop formado por el cantante y guitarrista Donnie Vie, el bajista Chip Z'Nuff, el guitarrista Derek Frigo y el batería Vikki Foxx y que en 1989 publicaron su primer y más aclamado disco, el homónimo *Enuff Z'Nuff*, que incluía dos auténticas joyas musicales, «New thing» y «Fly high Michelle», ambas caldo de cultivo circunstancial de la cadena de televisión MTV. Su siguiente álbum, *Strenght*, consiguió también en 1991 excelentes críticas de la prensa especializada, como la de la revista *Rolling*

Stone, que los consideró la mejor banda de aquel año. Pero el desfavorable alcance comercial del disco, debido a la inesperada disolución de su compañía discográfica, Atco, en 1993, implicó la paulatina omisión del cuarteto, que logró la atención *in extremis* del todopoderoso Clive Davis, quien los fichó eventualmente para Arista Records, sello con el que publicaron en 1993 *Animals With Human Inteligence*, también exento de repercusión popular.

Las marchas de Foxx, reemplazado por Ricky Parent, y Frigo (regresaría a la banda en 2003, aunque poco después fallecería por sobredosis), sumadas a la convulsión en la que el negocio musical se vio inmerso durante la primera mitad de los años noventa por la irrupción del grunge, obligó a Enuff Z'Nuff a convertirse en una banda de culto.

Aun así, desde 2003 el grupo ha seguido actuando y grabando álbumes, distribuidos a través de sellos independientes, incluyendo en su trayectoria una aparición no emitida en 2006 en el programa *Bands On the Run*, de la cadena VH1 y el lanzamiento en 2009 de *Dissonance*, álbum en el que colaboraron el exguitarrista de Ozzy Osbourne, el magistral Jake E. Lee, y el batería original de Guns N' Roses, Steven Adler.

En 2014, con Chip Z'Nuff, Johnny Monaco y Erik Donner como miembros, Enuff Z'Nuff publicaron Covered in Gold, que en 2015 les llevó a llevar a cabo una gira por Gran Bretaña y España, además de sumarse a la gira Bang Your Head y el festival Farm Rock, ambos eventos en Estados Unidos.

Europe

De la futilidad comercial a la credibilidad escénica

1979
Upplands Väsby, Suecia

Europe lograron un pase al Olimpo del rock gracias a su tercer álbum, *The Final Countdown* (1986), considerado epicentro de su discografía y del que se vendieron diez millones de copias tan solo en Estados Unidos, donde se convirtieron en la respuesta europea a Bon Jovi.

Antes de este arrollador éxito, Europe, formados en Upplands Väsby en 1979 bajo el nombre de Force por el Joey Tempest (cantante) y John Norum (guitarrista), grabaron dos álbumes, *Europe* (1983) y *Wings of Tomorrow*

(1984), más orientados al hard rock de corte clásico. Después, gracias a los singles «The final countdown» y «Carrie» (ambas Top 10 en Estados Unidos), una balada típica de las formaciones americanas de hard rock AOR de mediados de los años ochenta, el quinteto entró una etapa fugaz que les permitió unas ventas de más de treinta millones de discos en todo el mundo en apenas tres años.

Pero el álbum *Out of This World* (1988), Top 20 en Estados Unidos, ya no contó con la excelencia de Norum (substituido por Kee Marcello), que inició una carrera en solitario, la cual incluyó su paso por los americanos Dokken y que finalizaría en 2003 con su reingreso en Europe.

Sin Norum intentaron mantener el tipo en la década de los años noventa con la publicación de *Prisoners In Paradise* (1991), producción acorde al *mainstream* hard rock de aquel momento, pero las nuevas tendencias musicales, protagonizadas por el grunge y el rock alternativo, forzaron al quinteto a su disolución en 1992.

A excepción de la actuación llevada a cabo en 1999 con motivo de la celebración del año nuevo, Europe no volverían a coincidir hasta 2003, recuperando el pulso discográfico al año siguiente con *Start From the Dark*, que abrió su segunda etapa, menos orientada a la comercialidad y más al interés por ganar el respeto de la audiencia rockera.

Desde entonces, Europe han publicado cuatro álbumes —*Secret Society* (2006), *Last Look at Eden* (2009), *Bag of Bones* (2012) y el reciente *War of Kings* (2015)—, todos ellos promocionados con una creciente actividad en los escenarios europeos y norteamericanos.

Evanescence

Neogóticos de moda

1995
Little Rock, Estados Unidos

Intérpretes de rezumantes atmósferas de metal gótico y progresivo, Evanescence lo formaron la cantante y pianista Amy Lee, debutando en el negocio discográfico mediante dos EP, *Evanescence* y *Sound Asleep*.

Finalmente, en 2001 aparecería el larga duración *Origin* (2000), seguido dos años depsués por *Fallen*, número 3 en Estados Unidos y producido por Dave Fortman, un abrumador éxito comercial del que se vendieron nada menos que 17 millones de copias en todo el mundo y le valió al grupo dos premios Grammy, uno al Mejor Nuevo Artista y otro por el tema «Bring me to life», en su momento tan popular como «My immortal», también incluido en *Fallen*. Tras la marcha de Moody en 2003, reemplazado por Terry Balsamo (miembro fundador de Limp Bizkit), pero con el aura de ser una de las bandas noveles de mayor proyección internacional, en 2006 Evanescence presentaron *The Open Door*, número 1 en Estados Unidos y al que pertenecería el single «Call me when you're sober».

Sin el guitarrista John LeCompt y el batería Rocky Gray y tras un período de inactividad entre 2008 y 2009, Amy Lee continuaría al frente de la banda, lanzando en 2011 el cuarto, y por ahora último, álbum en estudio, *Evanescence*, nuevo número 1 en Estados Unidos y del que se extrajeron como singles los temas «What you want» y «Lost in paradise». El disco sirvió para una gira que comenzaría el 17 de agosto de 2011 en Nashville y finalizaría, tras recorrer América, Europa, Asia y Australia, el 9 de noviembre de 2012 en Londres.

La actual formación de Evanescence cuenta en sus filas, además del liderazgo de Amy Lee, con Terry Balsamo y Troy McLawhorn a las guitarras, Tim McCord en el bajo y Will Hunt en la batería.

Extreme

Más talento que éxito

1985
Boston, Estados Unidos

Extreme fueron una de las bandas de pop metal de mayor éxito entre finales de los años 80 y principios de los años 90, siendo su *alter ego* el guitarrista y principal compositor, Nuno Bettencourt, aventajado discípulo de Eddie van Halen y Queen, que se ganó el respeto de público y crítica con el segundo trabajo de la banda, *Pornograffitti* (1990), del que se extrajo el clásico «More than words», una balada en la mejor línea de los Everly Brothers, número 1 en

Estados Unidos. Sin embargo, los dos siguientes discos del cuarteto constituyeron un fracaso comercial que los arrastró a la disolución. Bettancourt iniciaría entonces una discreta carrera en solitario, mientras que Gary Cherone substituyó a Sammy Hagar al frente de Van Halen para la grabación del álbum *Van Halen III*.

Finalmente, a mediados de la primera década del siglo XXI, el cuarteto volvió a reunirse para llevar acabo una breve gira en 2004 y tres años después, Extreme anunciban una gira mundial durante el verano de 2008 junto a King's X, así como el lanzamiento del álbum *Saudades de Rock*, con Kevin Figueiredo como nuevo batería.

Desde entonces, Extreme siguen ofreciendo, si bien en locales de mediano aforo, actuaciones por todo el mundo, siendo especialmente exitosas las que conformaron la gira del vigésimo quinto aniversario de la publicación del álbum *Pornograffitti*, que transcurrió esporádicamente por Asia, Sudamérica, Europa y Estados Unidos.

F

Faith No More

Los iconoclastas surgidos del grunge

1981
San Francisco, Estados Unidos

Del vertiginoso movimiento grunge surgieron muy pocas bandas de gran calado, siendo una de ellas Faith No More, originaria de San Francisco y calificada habitualmente como una formación de metal alternativo.

Sin embargo, la música de Faith No More posee una idiosincrasia particular, especialmente tras la entrada del cantante Mike Patton, con el que grabaron sus primeros grandes álbumes: *The Real Thing* (1989), que incluye el single «Epic», número 9 en la lista de éxitos de la revista *Billboard*, y *Angel Dust* (1992), número 10 en Estados Unidos. Pero en 1994, en plena cresta de popularidad, previamente a la grabación del siguiente álbum, *King*

for a Day... Fool for a Lifetime, el guitarrista Jim Martin abandonó la banda, siendo substituido por Trey Spruance, proveniente de Mr. Bungle, el anterior grupo de Patton. Aún así, tras *Album of The Year* (1997), en 1998 Faith No More anunciarían su disolución, aunque en 2009 se reunirían, sin Martin, para llevar a cabo la gira 'The Second Coming Tour', celebrada entre mediados del mes junio de 2009 y finales de 2010, mientras que en el mes de mayo de 2015 Faith No More presentarían un nuevo y notable álbum, *Sol Invictus*, que presentaron en el festival australiano Soundwave.

The Firm

Genialidad diluida

1984-1986
Londres, Gran Bretaña

A resultas del acercamiento entre Rodgers y Page durante en la gira US Arms de 1983, patrocinada por la Fundación de Investigación para la Esclerosis Múltiple (en la que también actuaron otros artistas británicos, como Eric Calpton o Jeff Beck), se produjo el nacimiento de otro de los grandes, y pasajeros, supergrupos de rock, de origen británico, formado inicialmente en 1984 por el excantante de Free y Bad Company, Paul Rodgers, el exguitarrista de Led Zeppelin, Jimmy Page, el bajista Tony Franklin y el batería Chris Slade.

A pesar de la trayectoria y prestigio de Rodgers y Page, la de The Firm fue una carrera de escasa fortuna comercial, de ahí que su discografía tan solo comprenda dos únicos álbumes: *The Firm* (1985), del que sería éxito el tema «Radioactive», y *Mean Business* (1986), cuyo single fue *All the king horses*. Ambos trabajos, no obstante, fueron Top 20 en Estados Unidos y conllevaron dos giras internacionales, pero tras la vida comercial del segundo disco, Page y Rodgers optaron por continuar con sus respectivas carreras (el cantante formaría inmediatamente después The Law), mientras que Chris Slade se uniría a los australianos AC/DC y Tony Franklin acompañaría a John Sykes y Carmine Appice en Blue Murder.

Foghat

Una particular invasión británica

1971
Londres, Gran Bretaña

Inspirado cuarteto londinense de gran repercusión entre el público norteamericano y de arrolladora presencia escénica, que en 1971 formaron el cantante y guitarrista Dave Peverett, el guitarrista Rod Price, el bajista Tone Stevens y el batería Roger Earl.

La discografía de Foghat arrancó un año más tarde con el álbum *Foghat*, producido por Dave Edmunds y Tom Dawes y en el que se daba cabida a un cúmulo de temas compuestos en su mayoría por Peverett, sazonados con unas personales versiones de los clásicos «I just want to make love to you», de Wille Dixon, y «Maybellene», de Chuck Berry.

Tras asentarse rápidamente en Estados Unidos, la banda consolidaría una primera etapa discográfica, etiquetada bajo el patrón del boogie rock, que continuaría con *Foghat (Rock'n'roll)*, que incluía el single «What a shame», y que finalizaría en 1977 con la publicación del directo *Live*, su mayor logro en las listas de éxitos, al alcanzar el número 11 de la revista *Billboard*. En el interín grabarían el mejor disco de su carrera, *Fool for the City* (1975), que incluye el single «Slow ride».

A partir de la segunda mitad de los años setenta, los álbumes de Foghat recebirían una menor atención tanto del público como de la crítica, por lo que en 1984, tras el regreso de Peverett a Inglaterra, decidieron separarse, distanciamiento que duraría hasta la siguiente década, cuando Earl, MacGregor y Cartwright decidieron volver a la carretera con Eric Burgeson como cantante.

Sería en 1993, cuando por mediación del influyente productor Rick Rubin, Peverett regresó a Foghat y la banda publicaría *Return of the Boogie Men*. A pesar de las posteriores pérdidas de Peverett (moriría en 2000) y Price (en 2005), en la actualidad MacGregor y Earl mantienen en activo Foghat, mediante ocasionales actuaciones e incluso mediante la distribución de su propio vino, Foghat Cellars, un chardonnay reconocido en algunas ferias estadounidenses del sector.

Foo Fighters

Vida tras la vorágine grunge

1994
Seattle, Estados Unidos

Actual quinteto que combina guitarras afiladas y melodías pop, formado por el antiguo batería de Nirvana, Dave Grohl y el bajista Nate Mendel y el batería William Goldsmtih, ambos miembros de la banda de rock alterntivo Sunny Day Real Estate, y Pat Smear, colaborador de la banda liderada por el malogrado Kurt Cobain. Los cuatro participarían en la grabación del álbum de debut, *Foo Fighters* (1995), Top 30 en Estados Unidos, aunque para el siguiente, *The Colour and The Shape* (1997), Top 10 en Estados Unidos, Goldsmith dejaría la formación, ocupando su puesto para su grabación el propio Grohl y para las actuaciones en directo por Taylor Hawkins. Por su parte, Smear sería reemplazado por Franz Stahl, que al ser despedido dejó a Foo Fighters como trío.

En 1999 aparecería *There Is Nothing Left to Lose*, título que volvería a llevar a Foo Fighters a los primeros puestos de las listas de éxitos americanas, además de valerles el Grammy al mejor Álbum de Rock, momento en que Chris Shiflett se les unió como guitarrista principal, titular en *One by One* (2002), número 3 en Estados Unidos y Grammy al Mejor Disco de Rock, y *In Your Honour* (2005), número 2. Tras *Echoes, Silence, patience & Grace* (2007), Grammy al mejor Álbum de Rock, y tras la aventura stoner rock de Grohl en Them Crooked Vultures (junto a John Paul Jones, bajista de Led Zeppelin, y Josh Homme, cantante y guitarra de Queens of the Stone Age), en 2010 Smear regresaría oficialmente a Foo Fighters, que se consolidarían como uno de los referentes más representativos del rock *mainstream* americano gracias a dos nuevos discos en estudio, *Wasting Light* (2011), flamante número 1 en Estados Unidos, y *Sonic Highway* (2014), número 2, ambos producidos por Butch Vig, miembro de Garbage y productor del *Nevermind* de Nirvana, así como de bandas tan representativas como Urge Overkill, Smashing Pumpkins, Sonic Youth o Muse.

Foreigner

Rock hasta desfallecer

1976
Nueva York, Estados Unidos

A principios de los años setenta, los británicos Mick Jones (exSpooky Tooth y Leslie West Band), Ian McDonald (exKing Crimson) y Dennis Elliot (exIf) se trasladaron a Nueva York con la intención de triunfar en el mayor mercado discográfico del mundo. Al otro lado del Atlántico conocerían a Lou Gramm (exBlack Sheep), Al Greenwood y Ed Gagliardi y en unos pocos meses lograron firmar contrato con el sello Atlantic, que en el mes de marzo de 1977 lanzó su álbum debut, *Foreigner*, claramente influenciado por el rock britanico, incluso con ciertos elementos folk y progresivos. Del disco, número 4 en Estados Unidos, se

vendieron más de cuatro millones de copias, además de contener éxitos tales como «Feels like the first time», «Cold as ice» o «Long long way from home».

El segundo elepé, el excelente *Double Vision* (1978), número 3 en Estados Unidos, superaría las ventas de su predecesor, relleno de nuevos hit-singles, como *Hot blooded* y *Double vision*. Tras *Head Games* (1980), obra menor, en 1981 apacería el hito de la discografía de Foreigner, *4*, producido por Robert John Lange, hasta entonces responsable de los dos mejores álbumes de AC/DC, *Highway to Hell* (1979) y *Back in Black* (1980), y en el futuro de artistas como Def Leppard, The Cars o Bryan Adams. *4* contiene dos grandes clásicos de la banda: «Urgent», Top 10 en Estados Unidos, y «Waiting for a girl like you», número 1.

Pero a partir de entonces, el nivel de la discografía de Foreigner resulta inferior, a pesar de que sus álbumes guardan algunos temas de excepción, como el caso de *Agent Provocateur* (1984), que incluía su canción más popular, «I want to know what love is», balada gospel que les permitió su primer y único número uno en Estados Unidos, Gran Bretaña y Europa. *Inside Information* (1987) también reunía hitsingles como «Say you will» y «I don't want to live without you», pero para entonces Gramm publicó su primer trabajo en solitario, *Ready or Not*, cuyas buenas críticas le convencieron para abandonar Foreigner, quienes con Johnny Edwards como nuevo vocalista publicarían en 1991 *Unusual Heat*, uno de sus títulos menos representativos. De ahí que en 1992 Jones y Gramm acordasen reunirse de nuevo y seguir con la banda, acompañados de Bruce Turgon (bajo), Jeff Jacobs (teclados) y Mark Schulman (batería).

Desafortunadamente, en 1995 a Gramm se le diagnosticó un tumor cerebral que le apartaría temporalmente de la música. Cuatro años después regresaría a Foreigner, aunque con algunas limitaciones físicas, si bien no serían éstas las que le llevaron a abandonar el grupo por segunda vez en 2004 y continuar su trayectoria musical junto a sus hermanos Ben y Richard Gramm.

Jones, por su parte, ha mantenido en activo a Foreigner, que han publicado discos regularmente, como es el caso de su último lanzamiento, *Can't Slow Down* (2009), y llevando a cabo constantes giras, como la de 2010, junto a Styx y Kansas; las actuaciones británicas de 2011, junto a Journey; la gira por pequeños clubs estadounidenses de 2013 o los más de treinta conciertos ofrecidos en Estados Unidos tan solo en los cuatro primeros meses de 2015.

En reconocimiento a su aportación a la historia del rock, Jones y Gramm fueron incluidos en el Songwriters Hall of Fame, el 13 de junio de 2013.

Free

La maldición del talento

1968-1973
Londres, Gran Bretaña

El hecho de que el gurú del rhythm & blues británico Alexis Korner intercediese por ellos ante el sello Island da una pista de la posterior aportación fundamental de Free, cuarteto formado en 1968 en Londres por el cantante Paul Rodgers, el guitarrista Paul Kossoff, el bajista Andy Fraser y el batería Tom Mautner, reemplazado poco después por Simon Kirke.

A colación, Island se apresuró en ficharlos y en distribuir su primer álbum, *Tons of Sobs* (1968), el cual contiene autènticas joyas, como «Worry»,

«Walk in my shadow» o «I'm a mover». Al año siguiente, Free presentarían otro ejemplo de blues rock de primera, *Free*, producido por Chris Blackwell, *factotum* de Island, e incluía los singles «Broad daylight» y «I'll be creepin'».

No obstante, no sería hasta el tercer disco, el muy inspirado *Fire and Water* (1970), número 17 en Estados Unidos, cuando Free supieron plasmar todo su potencial, siendo este uno de los discos más representativos del rock de los años setenta, en parte gracias al gran clásico «All right now», número 2 en Gran Bretaña y número 4 en Estados Unidos. La consagración definitiva de la banda llegó con la participación de ésta en el histórico Festival de la Isla de Wight. Sin embargo, el siguiente *Highway* (1970) significó un inesperado revés comercial, a pesar de contener piezas meritorias como «The highway», «The stealer» o «My brother Jake». Además, hubo que sumar los problemas internos avivados por las drogas. De ahí que, tras el directo *Free Live* (1971), producido por Andy Johns, Free decidieran separarse temporalmente, hasta que la incerteza de sus proyectos en solitario les llevó a reunirse en 1972 para grabar *Free At Last*, elepé que incluía el single «Little bit of love», número 13 en Gran Bretaña. *Heartbreakers* (1973) sería el último álbum de Free, con Tetsu Yamauchi como bajista y con John Bundrick a los teclados, en el que se incluía «Wishing well», tema posteriormente versionado por artistas como Gary Moore o Blackfoot.

Más tarde, Rodgers y Kirke formarían Bad Company, mientras que Kossoff acabaría sucumbiendo a las drogas el 19 de marzo de 1976, eliminando brusca y trágicamente cualquier posibilidad de recuperar a una de las bandas más notables del hard rock.

G

Rory Gallagher

El gran bluesman irlandés

William Rory Gallagher
2 de marzo de 1948 - 14 de junio de 1995
Ballyshannon, Irlanda - Londres, Gran Bretaña

Rory Hallagher fue uno de los mejores guitarristas de rock y blues e icono musical para los adolescentes británicos de clase obrera.

El añorado Gallagher inició su carrera como profesional en 1965, a los 17 años, como miembro de Taste, un trío que fusionaba blues y folk (en el que también militaron el batería John Wilson y el bajista Richard McCraken), que llegó a actuar tanto en Europa como en Estados Unidos, publicando dos álbumes en estudio (*Taste* y *On the Boards*) y otros dos en directo (*Live Taste* y *Live at the Isle of Wight*).

Sin embargo, Taste se separaron en 1970 tras actuar en el Festival de Isle of Wight y Gallagher inició así su carrera en solitario que abrió con fuerza publicando, con apenas unos pocos meses de diferencia, dos álbumes: *Rory Gallagher* (1971), Top 40 en Gran Bretaña, y *Deuce* (1971), considerado este último como uno de sus mejores trabajos (al igual que su siguiente producción en estudio, *Tattoo*, de 1973), llegándole el reconocimiento definitivo con el directo *Live in Europe* (1972). A esta época corresponde su participación en el disco *London Revisited* (1974), del bluesman norteamericano Muddy Waters, y otra prueba más de su torrencial escénico, el álbum en vivo *Irish Tour* (1974).

Gallagher mantendría la regularidad en su discografía hasta 1982, publicando hasta entonces discos fundamentales como *Calling Card* (1976) o *Jinx* (1982), para luego dar paso a un período de silencio interrumpido en 1987 con *Defender*. Lamentablemente, tras *Fresh Evidence* (1990), distribuido por su propia discográfica, Capo, Gallagher vería como su salud se iba deteriorando debido al consumo de alcohol, lo que le llevaría a someterse a un transplante de hígado. A pesar del inicial éxito de la operación, Gallagher fallecería el 14 de junio de 1995.

Gluecifer

Los reyes del rock escandinavo

1994-2005
Oslo, Noruega

Un buen ejemplo de que en los países nórdicos existe una escena rock bulliciosa y de talento fueron los extintos Gluecifer, abanderados del revival del denominado garage rock y artífices de una breve pero encomiable trayectoria musical.

Formados por el cantante Biff Malibu (de nombre real Frithjof Jacobsen), el guitarrista Captain Poon (Arne Christian Skagen), el bajista Jon Average (Jon Hernes) y el batería Glueros Bagfire (Anders Moller), la obra de Gluecifer comprende, además de más de una docena de singles y una decena de Eps, siete álbumes de rock sin concesiones, apreciados por el público entendido y desairados por la prensa *mainstream*, de los que caben destacar *Riding the Tiger* (1997) y *Soaring with Eagles at Night to Rise with the Pigs* (1998).

Con solo Malibu y Poon como miembros originales en activo, Gluecifer se separaron en el verano de 2005, tras llevar a cabo una gira de despedida por España, Alemania y Escandinavia, países donde la banda contó con un fiel grupo de seguidores..

Golden Earring

Orfebres holandeses del rock

1961
La Haya, Holanda

Curioso el caso de este cuarteto fundado en 1961 en La Haya (Holanda), puesto que a pesar de la adversidad de provenir de un pequeño país europeo logró la popularidad internacional, con una más que aceptable repercusión en el mercado anglosajón, gracias a su megahit «Radar love», incluido en su álbum de 1973 *Moontan* (número 12 en Estados Unidos) y uno de los grandes clásicos del rock, versioneado posteriormente por grupos tan dispares como White Lion o Ministry.

El éxito en su propio país, con más de una veintena de singles, viene avalado por una discografía de un inteligente eclecticismo, orientada al mercado norteamericano y que abarca dos docenas de álbumes de estudio y períodos en los que llegaron ofrecer hasta doscientos conciertos al año.

El eje de la obra de Golden Earring se centra en su producción de los años setenta, incluyendo álbumes tan notorios como *Eight Miles High* (1970), el citado *Moontan* (1973) o *Contraband* (1976), aunque a partir de la década siguiente también grabaron discos interesantes, como *Prisoner of the Night* (1980), *Cut* (1983), número 24 en Estados Unidos y al que pertenecía el single «Twilight zone» (Top 10 en Estados Unidos), o *The Naked Truth* (1993).

Tras algunos años de menor actividad, en 2003 volvieron a dar conciertos en Estados Unidos, coincidiendo con la publicación del álbum *Millbrook USA*, y ya en 2009 de nuevo en Gran Bretaña, tras treinta años sin pisar los escenarios de ese país. Tras la publicación en 2012 del álbum *Tits'n'Ass*, producido por Chris Kimsey (productor de Rolling Stones, Marillion, The Cult, Ten Years After o Yes, entre otros), que les llevó de nuevo al número uno en su país, en la actualidad, Hay, Kooymans, Gerritsen y Zuiderwijk continúan ofreciendo actuaciones, con una previsión de fechas de dos años vista.

Gov't Mule

Blues rock y otras historias sobre un escenario

1994
Estados Unidos

Cuarteto de blues-rock formado como un proyecto en paralelo a la Allman Brothers Band y a instancias de su guitarrista Warren Haynes (exDickey Betts Band) y su bajista Allen Woody (fallecido en 2000), incluyendo en la actualidad a Matt Abbs, en la batería; Danny Louis, en los teclados, y Jorgen Carlsson, al bajo.

Su discografía se inicia en 1995 con *Gov't Mule*, preludio de una ejemplar colección de títulos en estudio de los que sobresalen *Dose* (1998) y *Déjà Voodoo* (2004), su mayor éxito comercial junto a *Shout!* (2013), completándose con grabaciones en directo de alto voltaje como *Live... With a Little Hep From Our Friends* (1999) o *The Deepest End: Live In Concert* (2003), que vienen a constatar la devoción de la banda por el directo. También hay que reseñar un trabajo tan sorprendente como el más reciente *Dark Side of the Mule* (2014), una revisión de noventa minutos sobre temas de Pink Floyd (¡sureños haciendo rock progresivo!), correspondiente a una actuación que Gov't Mule ofrecieron en 2008 en el teatro Orpheum de Boston.

Grand Funk Railroad

La banda americana

1969
Flint, Estados Unidos

Power trío formado, tras la reforma de Terry Knight & The Pack, por el cantante y guitarrista Terry Knight, el bajista Mark Farner y el batería Don Brewer, a los que se sumó el bajista Mel Schacher. No obstante, Farner pasaría a ocupar el puesto de guitarrista y cantante, mientras que Knight se encargaría de las tareas de productor y representante de la banda, que como

Grand Funk Railroad firmaría en 1969 con el sello Capitol, que lanzó su primer elepé, *One Time* (1969), Top 30 en Estados Unidos e inicio de una etepa dorada gracias discos potentes como *Grand Funk* (1970), número 11 en Estados Unidos; *Closer to Home* (1970), número 6; el directo *Live Album* (1971), número 5; *Survival* (1971), número 6, y *E Pluribus Funk* (1971), número 5. Por entonces, el éxito fue tan aclaparador que Grand Funk Railroad fueron el primer grupo que llenó el Shea Stadium de Nueva York tras la histórica actuación de los Beatles en 1965.

La publicación de *Phoenix* (1972) significó la incorporación de Craig Frost como tecista, seguida poco después de la expulsión de Terry Knight como productor y representante, lo que conllevó un conflicto legal que obligó a la modificación del nombre del grupo a simplemente Grand Funk.

Los dos siguientes discos, *We're An American Band* (1973) y *Shinin' On* (1974), ambos producidos por el brillante Todd Rundgren, se convirtieron en sus mayores éxitos discográficos: el primero fue número 2 en las listas de álbumes y número 1 en las de singles por el tema homónimo, mientras que *Shinin' On* contenía una versión del clásico de Little Eva, escrito por Carole King y Gerry Goffin, «The loco-motion», que también sería número 1.

Pero tras la mala acogida de *All The Girls in the World Beware!!!* (1974) y *Born to Die* (1976) y a pesar de los servicios de Frank Zappa como productor de *Good Singin', Good Playin'* (1976), Mark Farner decidió seguir en solitario.

Tras un nuevo y fugaz intento de reavivar la banda, Farner y Brewer, junto al bajista Dennis Bellinger, publicarían *Grand Fulk Railroad Lives* (1981) y *What's Funk* (1983), cuya fría recepción les convenció para volver a separarse hasta 1996, cuando Farner, Schacher y Brewer se reunieron con apreciable éxito, llegando a celebrar en 2014 sus cuarenta y cinco años en activo con una gira de conciertos por Estados Unidos.

Great White

De la gloria a los tribunales

1977
Los Angeles, Estados Unidos

Aunque alcanzaron sus momentos de gloria como una de las bandas más representativas del glam metal angelino, Great White se formaron en 1977 bajo el nombre de Dante Fox, por Jack Russell (cantante), Mark Kendall (guitarra), Don Costa (bajo) y Tony Richards (batería), debutando cuatro años depués en el mítico Troubadour de Hollywood.

Ya en 1982, Kendall, Russell, el batería Gary Holly y el bajista Lorne Black grabaron el EP *Out the Night*, que les posibilitó actuar de teloneros de Whitesnake por Gran Bretaña y de Judas Priest en Estados Unidos.

Su primer álbum, *Shot in the Dark*, con Audie Desbrow a la batería, fue el preludio de *Once Bitten...* (1987), Disco de Platino en Estados Unidos, que incluía los éxitos «Rock me» y «Save your love». También el siguiente ...*Twice Shy* (1989) fue un éxito, gracias a «Once bitten, twice shy», versión de Ian Hunter por la que fueron nominados al Grammy a la Mejor Canción Hard Rock.

Great White se codearían con la élite mundial del rock, compartiendo escenario con Scorpions, Kiss, Poison y L.A. Guns, hasta que a comienzos de 2000 Kendall anunció su marcha en medio de un cruce de acusaciones de desbarajustes financieros. La supuesta disolución de la banda se hizo efectiva tras un concierto de despedida el 31 de diciembre de 2001, aunque cinco años después se anunciaría su reunión. Tras lanzar en 2009 el álbum *Rising*, en 2011 saltó la polémica por el uso del nombre, ya que Jack Russell hizo valer la denominación Jack Russell's Great White, al tiempo que sus excompañeros continuarían actuando como Great White, llegando a publicar en 2012 el álbum *Elation*, con Terry Ilous como vocalista.

Guns N' Roses

De colosos a leyenda marchita

1985
Los Angeles, Estados Unidos

En su etapa de mayor esplendor, entre finales de los años 80 y principios de los años 90, Guns N' Roses fueron una de las bandas más controvertidas y talentosas, habiéndoseles llegado a comparar con los mismísimos Rolling Stones.

Formados por el cantante Axl Rose, los guitarristas Slash (Saul Hudson) e Izzy Stradlin, el bajista Duff McKagan y el batería Steve Adler, Guns N' Roses abrieron su discografía con el mini-elepé *Live... Like a Suicide*, que no logró excesiva repercusión, aunque tras ser contratados por Geffen Records su primer álbum, *Appetite for Destruction* (1987), se convirtió, gracias a temas como «Sweet child o'mine», «Welcome to the jungle», «Nightrain» o «Paradise city», en uno de los discos emblemáticos del hard rock: número 1 en Estados Unidos y 30 millones de copias vendidas en todo el mundo hasta la fecha Aprovechando el tirón, a finales del año 1988 apareció *G 'N' R Lies*, que incluía cuatro canciones de *Live... Like a Suicide* y cuatro nuevos temas: «Patience», «Used to love her», «You're crazy» y el polémico «One in a million».

Ya en 1991 G'N'R presentaron el ambicioso proyecto *Use Your Illusion*, dos dobles álbumes que les consolidaron como uno de los artistas más grandes de la historia del rock. Pero con el éxito masivo la relación entre los miembros del grupo se deterioró: a finales de 1990, Adler es despedido, mientras que en 1991, 1996 y 1998 serán Stradlin, Slash y McKagan quienes abandonen el grupo hastiados por el comportamiento de Rose.

Precisamente, en 1998 Slash y McKagan, junto a Matt Sorum, substituto de Adler, y el cantante de Stone Temple Pilots, Scott Weiland, coincidirían en Velvet Revolver, banda denostada por la crítica y el público. Con Axl Rose como único miembro original, y tras diecisiete años de especulaciones y postergaciones, en 2008 vería la luz un nuevo trabajo en estudio de Guns N' Roses, *Chinese Democracy*, recibido tibiamente por la mayoría de los seguidores del grupo, que anhelan la reunión de la formación original.

H

Hanoi Rocks

Rebeldes finlandeses

1979-2009
Helsinki, Finlandia

Glamuroso e histórico quinteto de rock visceral formado por los guitarristas Andy McCoy (de nombre real Antti Hulkko) y Nasty Suicide (Jan Stenfors), a los que después les unirían el cantante Michael Monroe (Matti Fagerholm), el bajista Sami Yaffa (Sami Takamäki) y el batería Gyp Casino (Jesper Sporre). En Finlandia consiguieron captar la atención del público gracias a sus dos primeros álbumes, el excelente *Bangkok Shocks, Saigon Shakes, Hanoi Rocks* (1981) y *Oriental Beat* (1982), pero la ambición llevó a la banda a trasladarse en 1982 a Londres, uno de los epicentros del negocio musical, donde consiguieron rápidamente la atención tanto del público como el de la crítica especializada.

Tras firmar con CBS Records, Hanoi Rocks lanzarían el notable *Back to Mystery City* (1983), seguido un año después por el disco que debió catapultarlos al estrellato internacional, *Two Steps from the Move* (1984), producido por el prestigioso Bob Ezrin (Alice Cooper, Kiss...). Sin embargo, el accidente de tráfico en el que el batería Razzle perdería la vida (el coche lo conducía Vince Neil, cantante de Mötley Crüe) cercenó cualquier posibilidad de triunfo multitudinario. Hanoi Rocks no superarían el fatal incidente y tanto Yaffa como Monroe abandonarían el grupo, que disolvería en el verano de 1985. No obstante, en 2002 Monroe y McCoy volverían a reunirse, aunque acompañados de Costello Hautamaki, Timpa y Lacu, con los que publicaron *Twelve Shots on the Rocks*, del que se extrajeron dos singles, «People like me» y «A day late a dollar shot».

Desde entonces, Hanoir Rocks han editados dos nuevos álbumes, de tono menor, *Another Hostile Takeover* (2005) y *Street Poetry* (2007), al tiempo que tanto los más recientes miembros como los antiguos continúan con sus respectivas carreras: Monroe ha publicado dos discos en los últimos tiempos (*Sensory Overdrive* (2011) y *Horns and Halos* (2013)—; Nasty Suicide trabaja en la industria farmacéutica, y Sami Yaffa ha dividido su tiempo entre Mad Juana y los New York Dolls.

Hawkwind

Rock espacial

1969
Londres, Gran Bretaña

Considerados como «la última banda *underground*» y ejecutantes del pecualiar estilo denominado rock espacial (cruce del rock progresivo y el rock psicodélico), los londinenses Hawkwind, formados en 1969, se caracterizan por un repertorio de composiciones extensas, hipnóticas y fantásticas. Bajo

la batuta de Dave Brock (guitarra y voz), Nick Turner (saxo) y Mick Slattery (guitarra), la formación se completó originalmente con el bajista John Harrison, el batería Terry Ollis y Dik Mik, responsable los efectos escénicos.

Gracias a sus dos primeros álbumes, *Hawkwind* (1970), que presentaron en el Festival de la Isla de Wight, e *In Search of Space* (1971), el grupo consiguió un notable número de seguidores, principalmente del movimiento hippie inglés. Una vez substituido Dave Brock por Bob Calvert y las entradas de la bailarina Stacia y el bajista Lemmy Kilminster (más tarde icono del heavy metal por su liderazgo en Mötörhead), Hawkwind alcanzaron su etapa de mayor gloria gracias a la popularidad del single «Silver machine» (número 3 en Gran Bretaña), preludio del álbum *Doremí Fasol Latido* (1972), y los encomiables trabajos discográficos *Space Ritual* (1973), *Hall of Mountain Grill* (1974) y *Warrior on the Edge of Time* (1975), este último tímida aproximación al mercado norteamericano.

Ya sin Lemmy, arrestado por tenencia de drogas justo antes de una gira por Estados Unidos, Hawkwind redefinirían su sonido en mitad de una contínua entrada y salida de músicos. Para cuando salió al mercado *Quark, Strangeness and Charm* (1977), el último de sus grandes discos, solo permanecían Brock y Calvert. De ahí que en 1978 Brock disolvió el grupo, mientras que Calvert intentó continuar con una nueva banda, Hawklords.

Una década después, en 1989, Hawkwind serían la atracción principal del Futurama Festival de Leeds, bajo la dirección de Dave Brock, consiguiendo captar el interés de las nuevas generaciones de aficionados al rock y publicando desde entonces discos destinados a un sector acérrimo de seguidores, incluida una pequeña porción del sector del heavy metal.

Heart

El latido fraternal del rock

1973
Seattle, Estados Unidos

Las hermanas Wilson, Ann (guitarrista) y Nancy (cantante) quisieron a mediados de los años setenta sacar adelante su propia revisión del legado de los británicos Led Zeppelin y de la compositora norteamericana Joni Mitchell, acrisolando ambas influencias en un cancionero que desde entonces ha combinado hard rock y folk.

La trayectoria de Heart se inició con la grabación de su primer álbum, *Dreamboat Annie*, en Vancouver (Canadá), durante los meses de julio y agosto de 1975. Con este primer álbum, *Dreamboat Annie*, conseguirían colarse en las listas de éxitos de Estados Unidos gracias a canciones como «Crazy on you» o «Magic man».

Un año después aparecería *Little Queen*, que incluye su tema más popular, «Barracuda», número 11 en Estados Unidos.

Tras continuar una notable andadura a lo largo de los años setenta con álbumes de notoria repercusión comercial y méritos artísticos, no sería hasta 1985 cuando la banda public otra de sus grandes producciones, *Heart*, producida por Ron Nevison y cuyos temas contaron con los servicios de autores ajenos a la banda, como Sue Annis, Holly Knight o Bernie Taupin, externalización creativa que sirvió para que el disco fuese número 1 en Estados Unidos y acercase a la banda a las nuevas generaciones de aficionados al rock de todo el mundo gracias a los singles «What about love», «These dreams», «Nothing at all» y «Never», todos ellos Top 10.

Durante los siguientes años las hermanas Wilson continuarían publicando discos de encomiable factura, de entre los que destacan *Jupiter Darling* (2004) y *Home for the Holidays* (2014), además de llevar a cabo periódicas actuaciones por todo el mundo.

Hellacopters

El refrescante hard rock escandinavo

1994-2008
Estocolmo, Suecia

Hellacopters, uno de los grandes combos de la escena rock escandinava de los años noventa, junto a Backyard Babies, Flaming Sideburns, Gluecifer o Turbonegro, fueron un quinteto formado en 1994 por Nick Royale, Kenny Håkansson, Robert Eriksson y Drenen, quienes firmaron con el sello White Jazz, responsable del lanzamiento de su álbum debut *Supershitty To The Max* (1996), grabado en tan solo veintiséis horas. La promoción del disco llevó a Hellacopters por toda Europa, actuaciones a las que se les sumó el teclista Boba Fett, con quien grabarían su segundo disco de estudio, *Payin' the Dues* (1997), uno de sus trabajos más representativo y cuya presentación por Escandinavia incluyó varios conciertos abriendo para sus muy admirados Kiss.

En 1998, Dregen, que compartía agenda con Hellacopters y Backyard Babies, abandonó a los primeros por los segundos, marcha que no impidió a los cuatro miembros restantes para grabar *Grande Rock* (1999), motivo de una extensa gira internacional que pasaría por Estados Unidos, Australia y Japón.

A comienzos de 2000 Robert Dahlqvist reemplazaría a Dregen, que aún llegaría a participar en las sesiones del potente *High Visibility* (2000), registrado en los famosos estudios Polar de Estocolmo, fundados por ABBA. Tres años más tarde aparecería *By the Grace of God*, junto con su predecesor cúspide de la discografía de la banda.

A pesar del momento dulce por el que atravesaban, y tras *Rock and Roll is Dead* (2005), en 2007, lamentablemente, Hellacopters anunciarían su separación, finiquitada con el lanzamiento del disco *Head Off* (2008) y una última gira por Europa.

Hole

De las cenizas de Cobain

1989-2012
Los Angeles, Estados Unidos

Banda de rock alternativo formada por la polémica Courtney Love (cantante y guitarra rítmica), viuda del icono grunge Kurt Cobain (Nirvana), y el guitarrista y compositor californiano de origen sueco Eric Erlandson (a mediados de 1989, Erlandson respondió a un anuncio de Courtney en el diario *Recycler*), que inició su carrera en la escena independiente angelina, estrenándose discográficamente con el álbum *Pretty On The Inside* (1991). Sería, no obstante, con el siguiente, *Live Through This* (1994) cuando Hole consiguieron el beneplácito de la crítica, además del otorgado por el público, que avaló el lanzamiento de singles como «Dolls parts» o «Miss World». Más comercial, aunque igual de interesante, resultaría el tercer álbum de la banda, *Celebrity Skin* (1998), Top 10 en Estados Unidos y en el que tuvo una especial contribución Billy Corgan, *factotum* de The Smashing Pumpkins que participó en la composición de dos de los tres singles que se extrajeron del disco («Celebrity skin» y «Malibu»).

A pesar del alcance de Hole, el deseo de Love por convertirse en un fenómeno mediático, le llevó a mediados de los años noventa a probar fortuna en Hollywood, participando en películas como *Basquiat*, *The People vs Larry Flynt* o *Man on the Moon*, de ahí que en 2002 se separasen. Pero el verse convertida en la 'nueva Yoko Ono' hizo que su carrera en la gran pantalla tuviese un alcance reducido, retomando en 2010 el proyecto Hole, aunque sin Erlandson (a pesar de que por contrato Hole no podían volver a ponerse en marcha sin él), dando lugar al álbum *Nobody's Daughter*, publicado en 2010 y motivo de una gira por Estados Unidos y Europa.

Desde entonces la prensa ha recogido acusaciones entre Love y Erlandson, aunque la primera reconocería que publicar *Nobody's Daughter* sin el segundo había sido un error, manteniendo la posibilidad de que la formación original pueda reunirse en un futuro inmediato, tal y como declararía en el mes de septiembre de 2014.

HIM

Nórdicos dramáticos

1991
Helsinki, Finlandia

Formados por el cantante Ville Valo, HIM, acrónimo de 'His Infernal Majesty', autores de un estilo definido tan a menudo de rock alternativo como de metal gótico, editaron su primer disco en 1997, *Greatest Love Songs, vol. 666*, que se distribuyó en Alemania y con el que intentaron desprenderse de la etiqueta gótica de sus primeros tiempos. Previo a su segundo disco, *Razordable Love* (1999), Valo asumiría la dirección del grupo, optando por grabar tres versiones: «Wicked game», de Chris Isaak; «Rebel yell», de Billy Idol, y «Don't fear the reaper», de Blüe Öyster Cult, además de incluir algunos de los éxitos de la carrera de los finlandeses, como «Join me in death» o «Right here in my arms».

Deep Shadows and Brilliant Highlights (2000), de sonoridades menos extremas, asentó definitivamente a HIM en el mercado europeo, haciendo de Valo un ídolo de quinceañeras. Ya en 2003, coincidiendo con el lanzamiento de *Love Metal*, se editarían en Estados Unidos sus primeros álbumes, aperitivo de *Dark Light* (2005), op 20.

A partir de entonces, se sucederían tres nuevas publicaciones que reafirmarían a HIM como un clásico del rock dramático con claros ecos *mainstream*: *Venus Doom* (2007), *Screamworks: Love in Theory and Practice* (2010) y *Tears on Tape* (2013).

I

Iron Butterfly

Psicodelia de crianza

1966
San Diego, Estados Unidos

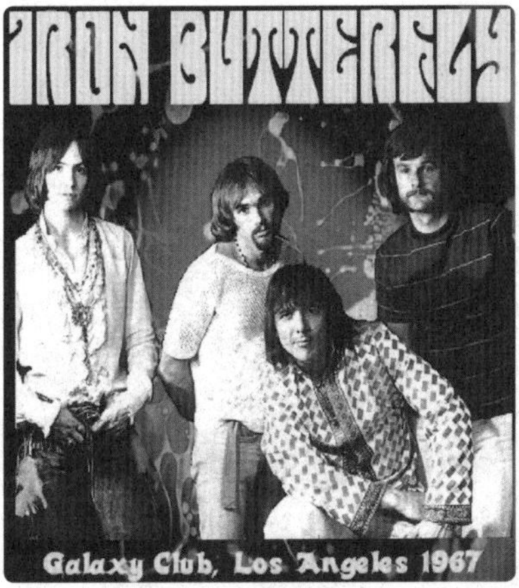

Uno de los mejores representantes del acid rock californiano de los años sesenta, Iron Butterfly, formados por Doug Ingle, Ron Bushy, Jerry Penrod, Darryl DeLoach y Danny Weis, tenían unas claras influencias del rock psicodélico británico. Su estreno discográfico fue el primer álbum, *Heavy* (1968), tímido número 78 en Estados Unidos y preludio de su obra magna, *In-A-Gadda-Da-Vida* (1968), que les daría el billete para el éxito internacional, gracias al tema clásico del mismo título, una pieza de diecisiete minutos que estuvo casi un año en el Top 10 americano.

El siguiente álbum, *Ball* (1969), resultaría menos afortunado, y se vio acompañado por cambios en la formación, que terminaría separándose en 1971, tras publicar uno de los álbumes más apreciados por su seguidores, *Metamorphosis* (1970), otra dosis de psicodelia musical. La banda fue contratada para tocar en el Festival de Woodstock, pero sus integrantes se pelearon en el aeropuerto.

Iron Butterfly se reunirían en 1975 a instancias de Bushy y Brann, acompañados entonces por el bajista Philip Taylor Kramer y Howard Reitzes, publicando dos nuevos, aunque menos logrados, álbumes: *Scorching Beauty* (1975) y *Sun and Steal* (1976). Posteriormente, en 1987, la formación que grabó *In-A-Gadda-Da-Vida* (Ingle, Bushy, Braunn y Dorman) volvería a reunirse para ofrecer el concierto del cuarenta aniversario del sello Atlantic.

En 2004, a pesar del fallecimiento un año antes de Erik Brann, el grupo llevaría a cabo una gira bajo la dirección de Bushy y Dorman (fallecido en el mes de diciembre de 2012). En la actualidad Iron Butterfly reúne a Mike Pinera, Ron Bushy y Doug Ingle, aunque en los últimos años no han mantenido actividad alguna en los escenarios.

Billy Idol

Punk de portada

William Michael Albert Broad
30 de noviembre de 1955
Stanmore, Gran Bretaña

Billy Idol formó su primera banda en 1976, Chelsea, a la que poco después seguiría la formación que le daría sus primeros éxitos, Generation X, con la que en aquel entonces llegó a publicar tres álbumes: *Generation X* (1978), *Valley of the Dolls* (1979) y *Kiss me Deadly* (1981).

Tras la disolución de Generation X, Idol se mudó a Nueva York, iniciando su carrera en solitario, con el apoyo del guitarrista Steve Stevens, viéndose beneficiado por la recién creada cadena de televisión MTV, que promocionó intensamente su segundo disco, *Rebel Yell* (1984), número 6 en Estados Unidos y del que serian éxito los temas «Eyes without a face», «Flesh for fantasy», «Catch my fall» y «Rebel yell».

Tres años después aparecería *Whiplash Smile* (Top 10 en Estados Unidos, Gran Bretaña, Alemania...), del que se extrajeron como singles «To be a lover», «Don't need a gun» y «Sweet sixteen».

Poco antes de sacar su cuarto álbum, *Charmed Life* (1990), Idol sufrió un accidente de motocicleta que estuvo a punto de costarle la pérdida de una pierna (y que le perjudicó en su aparición en el biopic *The Doors*, de

Oliver Stone). Afortunadamente, *Charmed Life* compensaría el dramatismo del incidente convirtiéndose en otro nuevo éxito, gracias a canciones como «Cradle of love» o «Prodigal blues».

Tras el fiasco comercial de *Cyberpunk* (1993), Idol se apartó del negocio discográfico durante quince largos años, regresando con *Devil's Playground* (2005) y manteniendo una discreta actividad profesional, finiquitada hasta el momento por el lanzamiento de *Kings & Queens of the Underground* (2014), del que se extraería como single el tema «Can't break me down» y motivo de una exhaustiva relación de actuaciones por Estados Unidos, Canadá, Nueva Zelanda y Europa durante la primera mitad de 2015.

J

Joan Jett

De protegida de Kim Fowley a reina del rock

Joan Marie Larkin
22 de septiembre de 1958
Wynnewood, Estados Unidos

Joan Jett entró a formar parte de las Runaways en 1975, cuando tan solo tenía diecisiete años, junto a Sandy West (batería), Jackie Fox (bajista), Lita Ford (guitarra) y Cherie Currie (cantante). Las Runaways, bajo la tutela del productor Kim Fowley, grabó cuatro discos (*The Runaways* en 1976, *Queens of Noise* en 1977, *Waitin' for the Night* en 1977 y *And Now... The Runaways* en 1978), hasta su disolución en 1979. Entonces, Jett se trasladó a Gran Bretaña, entrando en contacto con Steve Jones y Paul Cook de los Sex Pistols, con los que grabó tres canciones entre las que se incluiría una primera versión de «I love rock 'n' roll», original del trío británico Arrows.

A su regreso a Los Angeles, Joan conoció a Kenny Laguna, con cuyo apoyo grabaría su álbum de debut, *Joan Jett* (1980), y dio vida a su banda de acompañamiento, The Blackhearts, formada por Ricky Byrd, John Doe y Gary Ryan. Especialmente activa durante los años 80, Jett ha publicado hasta la fecha diez discos de estudio, de entre los que destacan *Bad Reputation* (1981), *Album* (1983) y el más reciente *Unvarnished* (2013).

Aunque su presencia en los escenarios ha fluctuado a lo largo de su carrera, en 2015 Jett llevaría a cabo una gira de cuarenta y cuatro actuaciones repartidas por Estados Unidos y Canadá.

Jane's Addiction

Ritual de lo alternativo

1985
Los Angeles, Estados Unidos

Jane's Addiction fueron una de las formaciones pioneras del movimiento denominado rock alternativo surgido en los años noventa (que el propio líder de Jane's Addiciton, Perry Farrell, denominó la 'Alternative Nation', la 'Nación alternativa'), logrando en un breve espacio de tiempo una gran notoriedad entre el público y la prensa especializada.

Formado por Perry Farrell (cantante), Dave Navarro (guitarra), Eric Avery (bajo) y Stephen Perkins (batería), el cuarteto se sume en una trayectoría de idas y venidas de la escena musical. Así, tras una primera etapa a la cual pertenecen sus dos mejores trabajos discográficos, los clásicos *Nothing's Shocking* (1988) y *Ritual de Lo Habitual* (1990), Jane's Addiction se separarían en 1991, con una última actuación en el Lollapalooza, festival creado por el propio Farrell y Ted Gardner, Marc Geiger y Don Muller convertido desde entonces en el festival de música alternativa por excelencia.

Tras probar el reencuentro en 1997 con la fugaz presentación del disco *Kettle Whistle* y la correspondiente realización de una gira, escribieron su segundo capítulo entre 2001 y 2004, período en el que publicaron su disco menos reconocido, *Strays* (2003), que supuso una decepción para sus segui-

dores por el halo de comercialidad en la que estuvo envuelta su promoción, la cual, no obstante, le llevó a situarse en el número 4 de la lista de éxitos de la revista *Billboard* (cuando *Nothing's Shocking* ni siquiera había logrado entrar en el Top 100 americano). Finalmente, Jane's Addiction se reunirían de nuevo, parece ser que definitivamente, en 2008, en esa ocasión con Eric Avery (previamente substituído por Martyn LeNoble), dando lugar en 2011 a la producción del álbum *The Great Escape Artist* (2011), de resultados artísticos algo superiores a su predecesor y para cuya grabación la banda contó, de nuevo, con Chris Chaney como bajista.

En la actualidad, tras el lanzamiento del directo *Live in NYC* (2013), y a instancias de Farrell, involucrado en la composición de un musical, Jane's Addiction disfrutan de un pactado letargo.

Jethro Tull

Progresiones folclóricas clásicas

1967-2011
Luton, Gran Bretaña

Quinteto británico de rock progresivo formado por Ian Anderson (voz y flauta), Mick Abrahams (guitarra), Glenn Cornick (bajo) y Clive Bunker (batería), cuyo nombre tomaron prestado de un inventor agrícola del siglo

dieciocho. *This Was* (1968) sería su *opera prima*, seguida un año después por *Stand Up* (1969), en el que ya participó el guitarrista Martin Barre y disco que subió al número 1 en Gran Bretaña, gracias a una inteligente combinación de blues y folk. Tras *Benefit* (1970), el grupo reclutó al teclista John Evan, mientras que Cornick fue substituído por Jeffrey Hammond. Con ambos, la banda publicaría *Aqualung* (1971), considerado como una de las mejores grabaciones del rock, seguido por el inspirado *Thick As A Brick* (1972), obra culmen de los británicos y número 1 en Estados Unidos.

Tras esta muy inspirada primera fase, Jethro Tull avanzarían durante el resto de los años setenta a través de una discografía de calidad, aunque de un tono ligeramente menor, debiéndose destacar, no obstante, álbumes como *Minstrel in the Gallery* (1975), *Songs from the Wood* (1997), ambos Top 10 en Estados Unidos, y *Heavy Horses* (1978).

Después, en los años ochenta, llegaron los problemas internos que desembocaron en que tan solo Anderson y Barre continuasen al frente de la banda, afectada en su concepción musical hasta el punto que de esa década solo merezca reseñarse el álbum *Rock Island* (1989). En la década siguiente, los lanzamientos de Jethro Tull se escudaron en una discografía principalmente de directo —*Live at Hammersmith '84* (1990), *A Little Light Music (*1992*)* y *In Concert* (1995)—, circunstancia mucho más abundante a comienzos del siguiente milenio, también aliñada con producciones sorprendentes como *The Jethro Tull Christmas Album* (2003), disco en el que la banda interpreta canciones navideñas tradicionales.

Finalmente, en 2011 Anderson y Barre decidieron poner punto final a Jethro Tull, aunque ninguno de los dos renunciaría a los logros de la banda, que lleva vendidos más de sesenta millones de discos. Anderson, por su parte, mantiene en vilo el legado del grupo y a comienzos de 2012 publicaría el álbum *Thick as a Brick 2: Whatever Happened to Gerald Bostock?*, cuyas letras ahondaban en la historia narrada previamente en la obra más representativa de Jethro Tull.

Journey

El refinamiento del rock adulto

1973
San Francisco, Estados Unidos

Formados por el guitarrista Neal Schon y el teclista Gregg Rolie tras la salida de ambos de la banda de Carlos Santana, Journey contó en sus inicios con George Tickner (guitarra), Ross Valory (bajo) y Prairie Prince (batería). Tras fichar con el sello Columbia, en 1975 aparecería su disco de debut, *Journey*, seguido por *Look Into the Future* (1976) y *Next* (1977), tres títulos que buscaban una identidad propia que la formación encontró con la entrada del cantante Steve Perry, que gracias a su papel en Journey se convertiría en una de las voces más importantes del panorama rock norteamericano y junto a Schon compartiría la responsabilidad de que Journey produjesen media docena de discos excepcionales: *Infinity* (1978), *Evolution* (1979), *Departure* (1980), *Escape* (1981), número 1 en Estados Unidos, *Frontiers* (1983) y *Raised on Radio* (1986).

Media docena de títulos que a su vez contuvieron auténticos himnos, como «Wheel in the sky», «Lights», «Any way you want it», «Don't stop believin'», «Open arms», «Who's crying now» o «Send her my love». A pesar de la etapa de éxitos incuestionables, entre 1982 y 1985 Perry y Schon decidieron cambiar de aires y probar fortuna por su cuenta. A su regreso, y previa la grabación del citado álbum *Raised on Radio*, Valory y Smith fueron despedidos y reemplazados para la ocasión por músicos de sesión, lo que hizo que la consistencia de Journey quedase afectada. De ahí que en mitad de la gira de promoción de *Raised on Radio* Steve Perry decidiese abandonar la banda.

Schon optaría temporalmente por formar parte de Bad English, que llegaron a publicar dos discos entre 1987 y 1991, pero las excelentes ventas de la discografía de Journey a pesar de su disolución llevó a que Columbia Records les propusiera su retorno, efectivo en 1996 con la producción de *Trial by Fire*, que no contó con la debida gira de conciertos a causa de una lesión de cadera de Perry.

Dos años después, en 1998, Journey decidieron continuar con Steve Augeri como nuevo vocalista, hasta que en 2008 el puesto pasase a ocuparlo Arnel Pineda, que ha aparecido en los dos últimos trabajos discográficos hasta la fecha de la formación, *Revelation* (2008) y *Eclipse* (2011), justificación legítima de la reciente actividad de Journey sobre los escenarios, como la gira llevada a cabo entre 2014 y 2015 compartida con los también clásicos Steve Miller Band.

K

Kansas

Progresiones europeas en USA

1973
Topeka, Estados Unidos

Kansas es una de esas bandas de sonido único que injustamente han trascendido al gran público por el único mérito del éxito, colosal sin duda, de una canción, «Dust in the wind», cuando, en realidad, su aportación musical se extiende en varios y excelentes discos.

La formación original de Kansas estaba compuesta por el guitarrista Kerry Livgren, el bajista David Hope y el batería Phil Ehart, a los que se unieron el cantante y teclista Steve Walsh, el violinista Robert Steinhardt y el también guitarrista Richard Williams.

Su primer álbum, *Kansas* (1974), combinaba elementos del rock progresivo británico y del rock americano, matices en los que también se cobijó *Song for America* (1974). Pero su estilo poco adecuado al gusto del público de su país dio paso al más difundido *Masque* (1975), preludio de sus dos obras maestras, *Leftoverture* (1976), número 5 en Estados Unidos y cobijo del clásico «Carry on wayward son», y *Point of Know Return* (1977), número 4 en Estados Unidos y celebérrimo por el sencillo «Dust in the wind», número 1 en varios países.

Después, Kansas optarían por un sonido más comercial a cambio de producciones más irregulares, como *Monolith* (1979), *Audio-Visions* (1981), *Vinyl Confessions* (1982) y *Drastic Measures* (1983), que llevaron a la disolución de la banda.

No obstante, en 1985, la banda se reformó con la incorporación del guitarrista Steve Morse y el lanzamiento de *Power*, Top 40 en Estados Unidos y disco del que sería éxito el tema «All I wanted». Posteriormente, y hasta la actualidad, Kansas se mantendrían en activo al tiempo que daban cabida a nuevos miembros, como el violinista David Ragsdale, o el regreso de Robby Steinhardt. Incluso no han dudado en continuar en activo tras la marcha de

Steve Walsh en 2014, reemplazado a los teclados por Ronnie Platt y David Manion.

De su última época, en la que su actividad en directo ha ido disminuyendo, caben destacar discos como *Somewhere to Elsewhere* (2000) y *There's Know Place Like Home* (2009).

King Crimson

Solo para paladares exquisitos

1968
Londres, Gran Bretaña

Marchamo de impetuoso y original rock progresivo, King Crimson responden a los incontenibles designios del talentoso Robert Fripp, a los que a lo largo de su historia se han sumado numerosos músicos también de primerísima fila, como Adrian Belew, Mel Collins, Greg Lake, John Wetton, Tony Levin o Bill Bruford.

Del ansia por la experimentación basada en estilos como el jazz, la psicodelia o la electrónica, Fripp ha constituido una discografía exquisita y solo al alcance de los eruditos, con discos magistrales como *In the Court of King Crimson* (1969), *In the Wake of Poseidon* (1970), *Lark's Tongues in Aspic* (1973), *Starless in Bible Black* (1974), *Red* (1974), *USA* (1975) o *Discipline* (1981), pertenecientes todos ellos a las dos primeras y más reconocidas etapas del combo. Posteriormente, también hay que destacar grabaciones como *Vroom Vroom* (2001) y *The Power to Believe* (2003), amén de algunos directos publicados en las últimas dos décadas y de los que resultan recomendables *Live Groove* (1999) o *Live at the Orpheum* (2015).

Por su parte, Robert Fripp cuenta con una larga treintena de grabaciones en solitario, publicadas desde 1968 hasta 2012, de las que se deben admirar títulos como *No Pussyfooting* (1973), *Exposure* (1979), *The First Day* (1993),

Damage (2002) o *The Equatorial Stars* (2005), y en la que ha contado con la colaboración de artistas como Andy Summers (Police), David Sylvain, Flea, Brian Eno o Theo Travis.

King's X

Cuando la calidad no es popular

1980
Sprongfield, Estados Unidos

Caracterizados por el uso de armonías vocales y poderosos *riffs*, los orígenes de King's X se remontan a 1980, en un período seminal en Springfield (Missouri, Estados Unidos), durante el cual Doug Pinnick (bajista) y Jerry Gaskill (batería) actuaron bajo los nombres de The Edge y Sneak Preview. Después decidieron trasladarse a Houston, entrando bajo la tutela de Sam Taylor, representante de ZZ Top que en 1987 les facilitó el entrar a formar parte del sello Megaforce Records. De esta manera, al año siguiente, ya como King's X y con Ty Tabor en la guitarra, el grupo lanzó su primer elepé, *Out of the Silent Planet*, número 144 en Estados Unidos, aunque encomiado por la crítica. Mejores ventas obtuvieron *Gretchen Goes to Nebraska* (1989), del que fue éxito moderado el single «Over my head», y muy especialmente *Faith, Hope, Love* (1990), cuya promoción incluyó abrir la gira americana de los australianos AC/DC.

Ya en Atlantic Records, el grupo publicó *King's X* (1992), rodeado de tensiones internas que desembocaron en la expulsión de Taylor, mientras que con *Dogman* (1994), su mayor logró comercial, entrar en el Top 100 americano, al amoldarse a las tendencias del momento, dominadas por el grunge, lo que les llevó a participar en el festival Woodstock '94. Pero las ventas seguían estando por debajo de las previsiones de Atlantic, que, finalmente, optó por rescindir el contrato con la banda tras el siguiente *Ear*

Candy (1996). Después, King's X pasarían a formar parte de Metal Blade Records, que distribuyó sus siguientes cuatro trabajos, *Tape Head* (1998), *Please Come Home... Mr. Bulbous* (2000), *Manic Moonlight* (2001) y *Black Like Sunday* (2003), aunque en ese mismo período los miembros de la banda también lanzaron diversos discos por su cuenta.

Con el nuevo milenio, King's X han continuado publicando álbumes con regularidad —*Ogre Tones* (2005) y *XV* (2008)—, manteniendo su actividad sobre los escenarios, la cual compaginan con colaboraciones con otros proyectos y artistas.

Kiss

Rock and roll toda la noche

1973
Nueva York, Estados Unidos

Lo fantástico y lo musical nunca han tenido una mejor plasmación que la lograda por el bajista Gene Simmons, los guitarristas Paul Stanley y Ace Frehley y el batería Peter Criss, cuarteto que durante los años 70 dominó el negocio discográfico de Estados Unidos.

A pesar de que sus tres primeros álbumes de estudio, *Kiss* (1973), *Hotter Than Hell* (1974) y *Dressed to Kill* (1975), apenas lograron éxito comercial, el doble directo *Alive!* les abriría las puertas de la fama, consiguiendo con su siguiente trabajo en estudio, *Destroyer* (1976), producido por el reputado Bob Ezrin, unas ventas millonarias gracias al single «Beth».

Rock and Roll Over (1976), *Love Gun* (1977) y el directo *Alive II* (1977) cerraron junto a los cuatro discos individuales publicados por los miembros del grupo la etapa dorada de Kiss, que a partir de entonces se adentró en la comercialidad más evidente con los álbumes *Dynasty* (1979) y *Unmasked* (1980), que si bien los mantuvo entre los artistas de más éxito internacional, los alejó de sus fans, declive que se acentuó con *The Elder* (1981). Para entonces Criss había iniciado su carrera en solitario y Frehley se debía a sus problemas con el alcohol, que le acabaron apartando de Kiss.

Gracias a Vinnie Vincent, la banda publicó en 1982 *Creatures of the Night*, que junto a *Lick It Up* (1983) y *Animalize* (1984) situaron al grupo en el eje

de la escena heavy metal de los años 80. No obstante, los siguientes álbumes se acercaron de nuevo a un estilo excesivamente comercial que arrastró al cuarteto a un claro descenso en su popularidad, hasta que en 1996 los miembros originales decidieron reunirse y participar en el programa *Unplugged* de la MTV.

La experiencia tuvo continuidad y Simmons, Stanley, Criss y Frehley grabaron *Psycho Circus* (1998), excusa para una gira internacional que los devolvió a la primera fila del panorama de rock duro, aunque el trato de meros asalariados hizo que Frehley, primero, y Criss, después, abandonasen definitivamente Kiss, siendo reemplazados, respectivamente, por Tommy Thayer y Eric Singer. Con estos, Kiss se mantienen en activo hasta la actualidad, habiendo publicado dos nuevos discos, *Sonic Boom* (2009) y *Monster* (2012), y con el prestigio intacto entre millares de seguidores de todo el mundo.

L

L.A. Guns

Héroes callejeros

1983
Los Angeles, Estados Unidos

Legendario quinteto de sleazy rock formado tras la desmembración de la formación original de Guns N' Roses por Tracii Guns, al que se le unieron Phil Lewis, Mick Cripps, Nickey Alexander y Kelly Nickels.

El epicentro de su discografía de rock callejero recae en sus dos primeras grabaciones, *L.A. Guns*, que aparecería en 1988, y *Cocked & Loaded*, en 1989. La publicación de ambos álbumes coincidió con el auge del sleazy rock, impuesto *urbi et orbi* precisamente por Guns N' Roses y movimiento del que comercialmente se benefició especialmente *Cocked & Loaded*, del que se vendieron un millón de copias tan solo en Estados Unidos y del que sería un éxito el tema «Ballad of Jayne», Top 40 en Estados Unidos.

No obstante, las tornas cambiarían cuando L.A. Guns presentaron *Hollywood Vampires* (1991), ya que por entonces el movimiento que estaba de moda era el grunge, a lo que hubo que sumar la inestabilidad de las relaciones entre los miembros de la banda, lo que en 1992 desembocó con la expulsión de Riley, reemplazado por Michael Gershima, que aparecería en el discreto *Vicious Circle* (1995), y en la misma marcha de Lewis, Cripps y Bones tras la gira del disco.

Con una nueva alineación liderada por Tracii, en 1996 L.A. Guns publicaron *American Hardcore*, otro trabajo menor que además se apartaba de su tradicional sonido. A partir de aquí se sucedieron las idas y venidas de músicos hasta que en 1999 los miembros originales tentaron una reunión con la grabación de cinco nuevos temas que acabaron incluyéndose en el recopilatorio *Greatest Hits & Black Beauties*. Pero en esa ocasión tampoco se mantendría mucho tiempo unida la formación original, si bien desde comienzos del nuevo milenio L.A. Guns han continuado publicando regularmente nuevos discos, algunos de ellos destacables, como *Waking the Dead* (2002), con Phil Lewis y Steve Riley como líderes y acompañados en la actualidad por Kenny Kweens (bajo) y Michael Grant (guitarra).

Led Zeppelin

El paraíso inalcanzable del rock duro

1968-1980
Londres, Gran Bretaña

Uno de los nombres más ilustres e indiscutibles del rock, maestros de maestros, el cuarteto britanico Led Zeppelin lo formaron en 1968 el guitarrista Jimmy Page y el bajista John Paul Jones, uniéndoseles poco después el cantante Robert Plant y el batería John Bonham.

Su incólume discografía, crisol de estilos que van del blues a la música celta y del rock and roll a la música de la India, arrancó en el mes de octubre de 1968, cuando el cuarteto grabó, en apenas treinta horas, su primer álbum, *Led Zeppelin*, publicado a comienzos del siguiente año. En mitad de la consiguiente gira publicarían *II*, elepé que consiguió el primer puesto de las listas de éxitos de Estados Unidos, si bien, tras *III* (1970), el éxito arrollador les vendría finalmente con su cuarto trabajo, conocido como *IV* (1971), que incluye el clásico «Stairway to heaven». *Houses of the Holy* (1973) precedería a que en 1974 Led Zeppelin creasen su propio sello discográfico, que estrenaron con el majestuoso doble álbum *Physical Graffiti* (1975).

Tras los más regulares *Presence* (1976) e *In Through The Out Door* (1979), el 25 de septiembre de 1980 John Bonham fue hallado sin vida en casa de Page, por lo que el 4 de diciembre de aquel mismo año la banda comunicaría su disolución.

A pesar del interés del público y los continuos rumores nunca se ha hecho efectiva la reunión de Plant, Page y Jones, aunque en 1988 ofreciesen una breve actuación con motivo del veinticinco aniversario del sello Atlantic y en 2012 llegaran a plantearse realizar una gira.

Living Colour

Inclasificables, inagotables, inspirados…

1984

Nueva York, Estados Unidos

Que el potencial de Living Colour, formados por el cantante Corey Glover, el bajista Muzz Skillings, el batería Will Calhoun y el guitarrista Vernon Reid, resultaba incuestionable lo demuestra que el mismísimo Mick Jagger les avalase la grabación de una maqueta que les serviría para fichar por el sello Epic. Precisamente Jagger, junto a Ed Stasium, produjo el primer álbum de la banda, *Vivid*, publicado en el mes de mayo de 1988 y que les valdría

el Grammy a la Mejor Interpretación de Hard Rock. Además, en la gira de presentación correspondiente fueron los teloneros de los Rolling Stones durante el tour del álbum *Steel Wheels*.

Lejos de dormirse en los laureles, Living Colour asumieron riesgos musicales con *Time's Up!* (1990), también premiado con el Grammy a la Mejor Interpretación de Hard Rock y del que fue single «Love rears it's ugly head». Tras la entrada de Doug Wimbish como bajista, en 1993 aparecería *Stain*, disco de sonoridades más oscuras y potentes. Pero a pesar de la buena acogida del álbum, dos años más tarde la banda se separaría temporalmente hasta que en las Navidades de 2000 los miembros originales ofrecieron una actuación en el histórico club CBGB de Nueva York.

A partir de ese momento la banda se embarcaría en una serie de conciertos internacionales, preludio del disco *Collide scope* (2003), que junto con los posteriores *The Chair in the Doorway* (2009) y el más reciente *Shades* (2015), les depararon buenas críticas por parte de la prensa especializada y el ser descubiertos por las nuevas generaciones de aficionados al rock.

Loverboy

Éxitos para las FM

1979

Calgary, Canadá

Formados por Paul Dean y Mike Reno, Loverboy son una de las pocas bandas canadienses que a mediados de los años ochenta lograron romper la hegemonía en los medios de comunicación estadounidenses gracias a un efectivo hard rock melódico.

Con el teclista Dough Johnson, el batería Matt Frenettese y el bajista Scott Smith, Loverboy comenzaron a componer sus primeras canciones en Vancouver, conformando una maqueta que captó el interés de Columbia

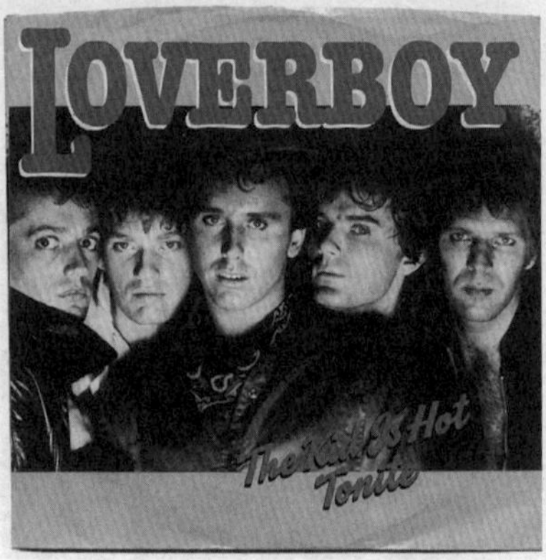

Records, sello con el que en 1980 publicarían su primer y homónimo álbum, a la postre uno de sus mejores trabajos, que entró en el Top 20 de Estados Unidos y al que pertenecen los hit singles «Turn me loose» y «The kid is hot tonite», promocionados mediante una extensa gira en la que abrieron para bandas de éxito como Kiss, Cheap Trick, Kansas o ZZ Top.

El gran momento artístico de Loverboy se mantuvo con los siguientes *Get Lucky* (1981) y *Keep it Up* (1983), logrando ventas millonarias y copando las listas de éxitos con canciones como «Working for the weekend», «When it's over», «Take me to the top», «Lucky ones», «Strike zone» o «Queen of the broken hearts».

Pero con *Lovin' Every Minute of It* (1985), del que se llegaron a vender más de dos millones de copias, los canadienses entraron en un bache creativo acentuado con *Wildside* (1987) y la llegada de las nuevas tendencias musicales, lo que acabaría abocándolos a una disolución no oficial que los alejó del circuito musical hasta mediados de los años noventa. Fue entonces cuando lanzaron el discreto *VI* (1997), en la práctica una excusa para regresar a una frenética actividad sobre los escenarios. A pesar de la triste pérdida de Scott Smith en 2000, Loverboy han continuado con su carrera hasta la actualidad, habiendo publicado ocasionalmente algunos nuevos títulos —*Just Getting Started* (2007), *Rock'n'Roll Revival* (2012) y *Unfinished Business* (2014)— y prodigando su presencia en actuaciones por Canadà y Estados Unidos.

Lynyrd Skynyrd

Los señores del rock sureño

1964
Jacksonville, Estados Unidos

Formados por el cantante Ronnie Van Zant, los guitarristas Gary Rossington y Allen Collins, el batería Bob Burns y el bajista Larry Junstrom, Lynyrd

Skynyrd se convirtieron rápidamente en uno de los máximos exponentes del denominado rock sureño, junto a la Allman Brothers Band. Tal privilegio procede de sus primeros años discográficos, teniendo entre sus miembros a Billy Powell (teclista), Leon Wilkeson (bajo), Ed King (guitarra), Steve Gaines (guitarra) y Artimus Pyle (batería) y en los que la banda publicó dos títulos magistrales e indispensables, *Lynyrd Skynyrd* (1973) y *Second Helping* (1974), poseedores de dos clásicos indiscutibles: «Free bird» y «Sweet home Alabama».

Lamentablemente, el 20 de octubre de 1977, cuando acababan de publicar otro excelente trabajo, *Street Survivors*, el grupo sufrió un accidente de aviación en el que murieron Ronnie Van Zant y Steve Gaines. Los miembros restantes decidieron, como era previsible, disolver la banda, aunque en 1987, con el hermano menor de Ronnie Van Zant, Johnny, como vocalista, Lynyrd Skynyrd regresarían a la actividad mediante una gira y, ya en 1991, publicando un nuevo disco, *Lynyrd Skynyrd 1991*, al que con el tiempo se han ido sumando otras grabaciones, de entre las que cabe destacar *Endangered Species* (1994), *Vicious Cycle* (2003) o *Last of a Dyin' Breed* (2012).

En la actualidad, junto a Rossington y Johnny Van Zant, Lynyrd Skynyrd están formados por el batería Michael Cartellone, los guitarristas Rickey Medlocke y Mark Matejka, el teclista Peter Keys y el bajista Johnny Colt, manteniendo una frenética agenda de conciertos que en 2015 les llevó a actuar en algunos países europeos, como Gran Bretaña, Francia, Suiza, Austria, Alemania, República Checa, Polonia y Finlandia.

M

Magnum

Otra bala desde Birmingham

1972
Birmingham, Gran Bretaña

Formados por Bob Catley y Tony Clarkin, la primera oportunidad de Mágnum llegaría en 1977, cuando fueron seleccionados como teloneros del Sin Alter Sin Tour de sus vecinos Judas Priest, un encargo que les allanó las negociaciones con el sello Jet Records, que dispuso los medios para que grabasen su primer álbum, el notable *Kingdom of Madness* (1978), elogiado por la prensa especializada y que les llevó a telonear a los Whitesnake de David Coverdale. Los mismos pasos siguió el siguiente *Magnum II* (1979), menos brillante que su predecesor, pero que promocionaron como teloneros de los americanos Blue Öyster Cult.

La confirmación de su condición de sólidas estrellas emergentes les llegaría con su participación en el Festival de Reading de 1980 y la posterior publicación de los discos *Chase The Dragon* (1982), *The Eleventh Tour* (1983) y, especialmente, *On The Storyteller's Night* (1985), cuya subida al número 24 de los charts británicos les valió su participación en el Festival de Donington de 1986.

Tras *Vigiliante* (1986), producido por el batería de Queen, Roger Taylor, en 1988, Magnum publicaron su álbum más popular, *Wings of Heaven*, número 5 en Gran Bretaña, seguido del que hubiera debido ser su tarjeta de presentación formal en Estados Unidos, *Goodnight L.A.* (1990), que, sin embargo, tan solo contentó a sus seguidores europeos. De ahí que en 1995 Magnum decidieran separarse, hasta que en 2001 encarasen su segunda etapa con la que se han mantenido en activo mediante actuaciones brillantes, como las correspondientes a la gira del 20 aniversario del lanzamiento de su álbum *Wings of Heaven* o las actuaciones veraniegas de 2015 en festivales como Giants of Rock o Rock of Ages, en los que presentaron formalmente su recomendable álbum en estudio *Escape From the Shadow Garden* (2014).

Marillion

Orfebres progresivos

1978
Aylesbury, Gran Bretaña

Marillion son una de las bandas de rock progresivo más exquisitas y no del todo justamente reivindicadas en la actualidad, con un repertorio marcadamente influenciado por los grandes clásicos del género de los años setenta. Formados por el cantante Fish, alias de Derek Wiiliam Dick, llamado Fish, el guitarrista Steve Rothery, el bajista Pete Trawavas, el batería Mick Pointer y el teclista Mark Nelly, el sonido llamativo de Marillion les valió en 1983 que EMI los contratase y publicase su primer álbum, el espléndido *Script for a Jester's Tear*, una fresca revisión de los sonidos clásicos progresivos.

Tras la entrada del batería Ian Mosley, el quinteto grabó su segundo álbum, *Fugazi*, que les sirvió para ofrecer sus primeras actuaciones en Norteamérica, visita en parte recogida en el mini-álbum *Real to Reel* (1984), que también incluye una actuación en Leicester. En 1984 también aparecería *Misplaced Childhood*, Top 50 en Estados Unidos, al que corresponden algunos de sus mejores temas, como «Kayleigh» y «Lavender», lo que les situó en el mejor momento de su discografía, junto con el siguiente *Clutching at Straws* (1987), número 2 en Gran Bretaña.

Contra pronóstico y una vez publicados el recopilatorio *B'Sides Themselves* (1987) y el doble álbum en directo *The Thieving Magpie*' (1988), Fish decidió iniciar su carrera en solitario, mientras que Marillion ficharían a Steve Hogarth como nuevo cantante, con el que publicaron *Season' End* (1989).

Tras la publicación en 1991 de *Holidays In Eden*, la banda entró en un bajón solo superado en 1994 con el disco conceptual *Brave*, seguido al año siguiente por el exitoso *Afraid Of Sunlight*, que contiene temas como «The hollow man» y «Alone again in the lap of luxury».

Desde mediados de los años noventa, y hasta la fecha, Marillion han mantenido una productividad discográfica constante, presentando discos tan interesantes como *Marbles* (2004) o *A Sunday Night Above the Rain* (2014).

Marilyn Manson

'Beautiful' roquero

Brian Hugh Warner
5 de enero de 1969
Canton, Estados Unidos

Marilyn Manson es una de las últimas y más bizarras estrellas que ha dado el rock en los últimos tiempos, tomando sin complejos como referente al Bowie más galáctico y, durante su etapa más gloriosa, asimilando y regurgitando con frescura y destreza las más recientes sonoridades musicales.

Warner/Manson formó su primera banda relevante, Marilyn Manson & the Spooky Kids, en 1989, junto a Twiggy Ramírez (Jeordie White) y Madonna Wayne Gacy (Stephen Gregory Bier). Cuatro años después, a mediados de 1993, Trent Reznor, líder de Nine Inch Nails, se ofreció producirles el que sería su primer álbum, *Portrait of an American Family* (1994), distribuido por el sello del propio Reznor, Nothing Records. Su primer éxito les llegaría en 1995 con la versión «Sweet dreams», original del dúo británico Eurythmics, preludio de la obra maestra *Antichrist Superstar*, publicada el 8 de octubre de 1996 y número 1 en la lista de álbumes de la revista *Billboard*.

Sin embargo, tras *Mechanicals Animals* (1998), nuevo número 1 en Estados Unidos y grabado con el guitarrista Johnny 5, la discografia de Warner/Manson entraría en la irregularidad, aunque aún así merecen destacarse producciones como *Holy Wood: The Valley of Death* (2000), *The Golden Age of Grotesque* (2003) y el más reciente *The Pale Emperor* (2015).

Manson, cuyo halo satánico ha perdido relevancia con el paso del tiempo, también se ha prodigado en la gran pantalla, participando en películas como *Jawbreaker*, *Lost Highway* o *Party Monster*, e incluso en la pequeña pantalla, interviniendo en la serie *Hijos de la Anarquía*.

Meat Loaf

A la caza del éxito

Michael Lee Aday
27 de septiembre de 1947
Dallas, Estados Unidos

Meat Loaf comenzó en el mundo de la música como miembro del grupo Meat Loaf Soul, que llegaron a abrir actuaciones de los Stooges y los mismisimos Who. Poco después formaría parte del elenco de la ópera musical *Hair* y se convertiría en el primer artista blanco fichado por el sello Motown. Pero en 1971 conoció al compositor Jim Steiman, siendo entonces cuando su carrera musical tomó el rumbo correcto.

Aún así tuvieron que pasar algunos años hasta que, debido al rechazo de las compañías discográficas, ambos asumieron la producción de su primer álbum, *Bat Out of Hell* (1977), producido por el talentoso Todd Rundgren y distribuido por el sello Epic. A pesar de ser un rotundo éxito, la extenuante gira, la disolución de su sociedad artística con Steinman y una afección en las cuerdas vocales terminaron apartando a Loaf/Aday del negocio mu-

sical durante cuatro largos años, tras los cuales regresaría con el disco *Dead Ringer* (1981), que no consiguió la repercusión esperada, como tampoco la tuvo *Midnight At The Lost And Found* (1983), aunque por lo menos este último daría lugar a una exitosa gira por Europa.

Tras dos nuevos y tampoco efectivos álbumes, *Bad Attitude* (1984) y *Blind Before I Stop* (1986), no fue hasta 1993 cuando tras volver a unir fuerzas con Steinman ambos presentaron *Bat Out Of Hell II: Back into Hell*, espléndida continuación de su clásico de 1977, número 1 en Estados Unidos y del que fue hit single el tema «I'd do anything for love», también número 1 y Grammy a la Mejor Interpretación Vocal Masculina.

La mala acogida de *Welcome To The Neighbourhood* (1995) se vería compensada por la faceta cinematográfica de Aday, que llegó a participar en algunos films de éxito, como *Locos en Alabama* o *El Club de la Lucha*, mientras que con la llegada del nuevo siglo el vocalista iría ampliando su discografía con títulos correctos, que incluyen la tercera parte de su clásico, *Bat Out fo Hell III: The Monster is Loose*, menos lograda que las entregas previas, en buena parte debido a la parcial participación de Steinman.

Molly Hatchet

Rock sureño de la vieja escuela

1975
Jacksonville, Estados Unidos

Sexteto formado por los guitarristas Dave Hubleck y Steve Holland, a los que se unirían el bajista Banner Thomas, el batería Bruce Crump y, ya en 1975, el cantante Danny Joe Brown. Tras ser fichados por el sello EMI en 1977, la banda publicó su primer álbum, *Molly Hatchet* (1978), aunque el

éxito llegaría con el siguiente, *Flirtin' With Disaster* (1979), su mayor logro en los charts americanos.

A pesar de que conseguirían unas ventas encomiables, sus posteriores trabajos resultarían más irregulares, quizás debido a algunos cambios en la formación, que durante los años ochenta contó con una sección rítmica a cargo del bajista Riff West y el batería B.B. Bordan. No obstante, la línea discreta de su discografía no ha impedido a Molly Hatchet continuar grabando discos, con algunos títulos tan recomendables como *Kingdom of XII* (2000) o *Regrinding the Axes* (2012), además de grabaciones en directo tan brillantes como *Greatest Hits Live* (2003), que dan fe de su tremenda efectividad sobre los escenarios, lo que les permite la realización de continuas giras por Estados Unidos e incluso el sumarse a un evento tan peculiar como el Rock Legends Cruise III, llevado a cabo por aguas de las Bahamas durante el mes de febrero de 2015.

Mötley Crüe

Los chicos malos del rock

1981
Los Angeles, Estados Unidos

Con una carrera sumida tanto en los parabienes como en las miserias derivadas de la mitificada leyenda 'sexo, drogas y rock'n'roll', Mötley Crüe, recientemente decididos a poner punto y final a su carrera, son los chicos malos del Sunset Strip angelino.

El bajista Nikki Sixx, el batería Tommy Lee, el cantante Vince Neil y el guitarrista Mick Mars iniciaron su trayectoria como una de las bandas habituales de los clubs de rock de Hollywood, hasta que el productor Allan Coffman les financió su álbum debut, *Too Fast For Love* (1981), cuyas 20.000 copias vendidas de manera independiente despertaron el interés de Elektra.

A partir de entonces, la discografía del cuarteto comenzó a nutrirse de discos imprescindibles: *Shout At The Devil* (1983), *Theatre Of Pain* (1985), del que fueron éxito los singles *Smokin' in the boys room* y *Home sweet home*, (cuyos videoclips emitió hasta la saciedad MTV), *Girls, Girls, Girls* (1986, número 2 en Estados Unidos) y, cerrando una primera etapa, *Dr. Feelgood* (1989), número 1 en Estados Unidos y del que se extrajeron como singles los temas «Kickstart my heart», «Don't go away mad», «Without you» y «Dr. Feelgood».

Tras renegociar el contrato con Elektra a cambio de 25 millones de dólares, en 1992 Neil dejaría temporalmente la banda, siendo reemplazado por John Corabi, que participaría en *Mötley Crüe* (1994), considerado un fracaso comercial. De ahí que en 1997, Neil regresase para el disco *Generation Swine*, número 4 en Estados Unidos, pero vapuleado por la crítica.

Tras el lapsus en prisión de Tommy Lee y su posterior marcha de la banda para formar Methods Of Mayhem, los Crüe dieron por concluido su contrato con Elektra y con Randy Castillo como nuevo batería publicaron *New Tattoo* (2000), disco en el que recuperaban su sonido original.

Tras los álbumes de compromiso *Red, White & Crüe* (2005) y *Carnival Of Sins Live* (2007), recopilatorio y directo, respectivamente, en 2008, de nuevo con Lee en la batería, apareció el álbum en estudio *Saints of Los Angeles*, número 4 en Estados Unidos y matriz de los singles «Saints of Los Angeles», «Motherfucker of the year» y «White trash circus». La promoción del disco incluyó la organización del festival Crüe Fest y, ya en 2009, una gira por Estados Unidos y Europa con sendas actuaciones en festivales como Download, Gods Of Metal, Kobetasonik y Hell Fest.

Posteriormente, Mötley Crüe han llevado a cabo giras compartiendo escenario con bandas como Poison, New York Dolls, Def Leppard y Kiss, aunque en el mes de enero de 2014 anunciaron su intención de abandonar toda actividad tras la posible publicación y promoción de un último disco en estudio.

Mountain

Un americano con sonido inglés

1969
Nueva York, Estados Unidos

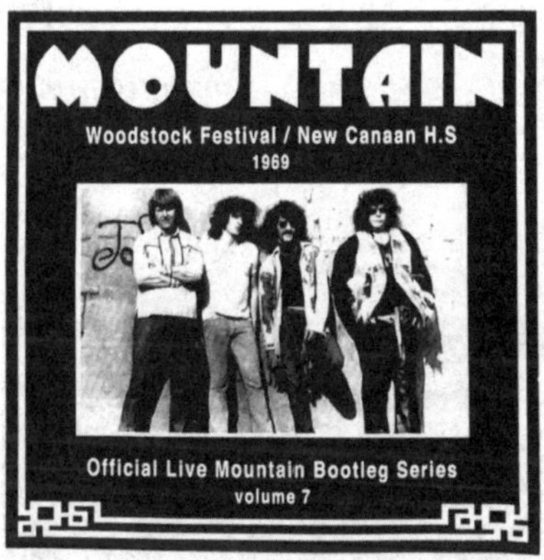

En 1969, Leslie West, el orondo guitarrista nacido en Nueva York, aunque dotado con un estilo que le conecta con la tradición del rythm and blues británico, formó Mountain, la respuesta hard blues americana de los Cream de Eric Clapton, Jack Bruce y Ginger Baker. El impulso inicial de la carrera de Mountain/Leslie West provino casualmente del músico y productor Felix Pappalardi, que previamente había producido al mencionado trío británico y que produjo la *opera prima Leslie West Mountain*, encargándose, además, del bajo durante las sesiones y la posterior gira por la Costa Oeste estadounindense que finalizó con una actuación en el histórico Festival de Woodstock.

Ya en 1970 llegaría el álbum *Climbing!*, que incluía los temas «Mississippi queen», número 21 en Estados Unidos, y la preciosa versión «Theme for an imaginary western», original de Jack Bruce. Al año siguiente verían la luz los álbumes *Nantucket Sleighride* y *Flowers of Evil*, este último con parte de un concierto grabado en el Fillmore East de Nueva York.

Tras casi dos años apartados de la actividad, a mediados de 1973 West y Pappalardi reactivaron Mountain, contando entonces con el batería Allan Schwartzberg y el teclista y guitarrista Bob Mann; un combo que demostró su potencial en el doble álbum en vivo *Twin Peaks* (1974) y en el disco en estudio *Avalanche*, último trabajo con Pappalardi al bajo.

Sin Pappalardi, Mountain desaparecerían del mapa musical, solo regresando de manera intermitente a lo largo de los años con motivo de la publicación de nuevos trabajos: en 1985, West y Corky Laing editarían *Go for Your Life!*, dedicado a la memoria de Felix Pappalardi (asesinado en 1984); en 1996 harían lo propio con *Man's World*, mientras que ya en el nuevo siglo los títulos que han visto la luz han sido *Mystic Fire* (2002) y *Masters of War* (2007), este último disco de versiones de temas de Bob Dylan. Asimismo, West ha publicado varios discos en solitario, de los que en los últimos años merecen destacarse *Blue Me* (2006) o *Still Climbing* (2013).

Mr. Big

Conquistando las listas con talento

1988

Los Angeles, Estados Unidos

La melodía y el virtuosismo se dan cita en Mr. Big, cuarteto formado por Eric Martin (cantante), Paul Gilbert (guitarra), Billy Sheehan (bajo) y Pat Torpey (batería), quienes tras fichar por el sello Atlantic en 1989 se estrenaron discográficamente con el álbum *Mr. Big*, que si bien no obtuvo un éxito relevante en Estados Unidos sí lo hizo en Japón, lo cual daría pie posteriormente a una serie de discos dedicados al mercado nipón, como *Raw Like Sushi*, *Raw Like Sushi II*, *Japandemonium: Raw like sushi 3* y *Live at Budokan*.

Mucha más repercusión obtendría su segundo disco, *Lean into It* (1991), gracias a los singles «To be with you» (número 1 en quince países), «Just take my heart» y «Green-tinted sixties mind», mientras que en 1993 sería «Wild world», una versión de Cat Stevens, incluida en el álbum *Bump Ahead*, la que les llevó de nuevo al Top 30 americano. A pesar del éxito nada despreciable conseguido, en 1997 Gilbert decidió reformar su anterior banda, Racer X, por lo que en 1999 Mr. Big se mantuvieron activos con Ritchie Kotzen como guitarrista (en 2013 Kotzen, Sheehan y Mike Portnoy formarían el trío The Winnery Dogs) y el álbum *Get Over It*, cuyo tema «Superfantastic» fue número 1 en Japón, al igual que *Shine*, perteneciente al disco *Actual Size* (2001).

A pesar de que las discrepancias entre Sheehan y el resto de la banda llevaron a la disolución de ésta en 2002, en 2009 los miembros originales de Mr. Big volverían a reunirse y tras el directo *Back to Budokan* de 2009, a finales de 2010 lanzaron el álbum en estudio *What If...*, producido por Kevin Shirley, el cual, junto al más reciente *The Stories We Could Tell* (2014), los devolvían a la actualidad musical como una de las referencias más interesantes del hard rock.

N

Nazareth

Hard blues escocés

1968
Dunferlime, Gran Bretaña

Fundados por el cantante Dan McCafferty, el guiatrrista Manny Charlton, el bajista Pete Agnewy el batería Darrell Sweet, Nazareth buscaron en sus mismos comienzos acumular los sonidos de formaciones clásicas como Kinks, Deep Purple o Yardbirds. Tras dos primeras grabaciones seminales, *Nazareth* (1971) y *Exercises* (1972), la banda logró el triunfo con el potente *Razamanaz* (1973), del que forman parte piezas clásicas como «Broken down angel» y «Bad bad boy». También imprescindibles resultarían los álbumes de 1974 *Loud N' Proud* y *Rampant*, quintaesencia del rhytyhm and blues británico directo y sin concesiones, producidos, al igual que *Razamanaz*, por Roger Glover, bajista de Deep Purple.

Otra producción soberbia, parte de su discografía indispensable, fue *Hair of the Dog* (1975), producido por Manny Charlton y en el que se incluía el tema *Love hurts*, adaptación de los Everly Brothers y su tema más popular, que les llevó a entrar en el Top 10 de la revista *Billboard*. Pero Nazareth no lograron amoldarse a las nuevas tendencias musicales una vez llegados los años ochenta, a pesar de que durante esa década publicaron dos discos básicos, *Malice in Wonderland* (1980) y *Snaz* (1981).

Tras sobrellevar los convulsivos años noventa mediante directos y recopilatorios, la banda fue cayendo poco a poco en el olvido, hasta que gracias al revival del hard rock de la primera década del siglo XXI, Nazareth serían motivo de reivindicación por parte de las nuevas generaciones de aficionados al rock, quienes supieron apreciar discos como *The Newz* (2008) y *Big Dogz* (2011). Desafortunadamente, en 2014 el gran Dan McCafferty, una de las mejores voces del rock británico, decidió retirarse, siendo substituído por Linton Osborne.

New York Dolls

Las muñecas maltradas del rock

1971
Nueva York, Estados Unidos

Quinteto pionero del glam rock en Estados Unidos cuya estética ambigua, su música callejera y su predisposición a los excesos los convirtieron en su momento en una de las principales referencias del rock más visceral y descarnado, influencia para posteriores artistas del punk y el hard rock.

Aunque en los últimos años han gozado de una segunda juventud profesional, todo su legado corresponde a su fugaz paso por los años setenta, cuando publicaron dos únicos discos, *New York Dolls* (1973) y *Too Much, Too Soon* (1974).

Integrados originalmente por los guitarristas Johnny Thunders y Rick Rivets (reemplazado por Syl Sylvain), el bajista Arthur Kane, el batería Bill Murcia (reemplazado por Jerry Nolan) y el cantante David Johansen, New York Dolls nacieron en el circuito *underground* neoyorquino, pasando a formar parte del sello Mercury Records, que les dispuso a Todd Rundgren como productor de su primer elepé homónimo, aunque el trabajo tan solo alcanzó la posición 116 en las listas americanas.

Un año después, en 1974, vería la luz *Too Much, Too Soon*, producido por George Morton, de resultados comerciales aún peores, situándose en el número 167. Las escasas ventas llevaron a que Mercury Records rescindiese el contrato, haciéndose cargo de ellos Malcolm McLaren, el representante de Sex Pistols, que no supo sacar adelante a la banda. De ahí que Thunders y Nolan dejasen el grupo en 1975 y formasen The Heartbrakers, mientras que los Dolls restantes se disolverían en 1977.

Casi tres décadas después, en 2004, Morrissey logró reunir a los tres miembros sobrevivientes de la banda, Johansen, Sylvain y Kane, para el festival Meltdown. Un año después, ya sin Kane, víctima del cáncer, Johansen y Sylvain saldrían de gira y en 2006 publicarían un nuevo álbum, *One Day It Will Please Us to Remember Even This*, producido por Jack Douglas y con Steve Conte a la guitarra, Sami Yaffa al bajo, Brian Delaney a la batería y Brian Koonin a los teclados.

Posteriormente, los New York Dolls ampliarían su breve aunque interesante discografía con dos nuevos títulos, *'Cause I Sez So* (2009), de nuevo bajo la producción de Todd Rundgren, y *Dancing Backward in High Heels* (2011), este último con Frank Infante a la guitarra y Jason Hill al bajo.

Night Ranger

La patrulla de Jack Blades

1981
San Francisco, Estados Unidos

Quinteto cuyos orígenes se remontan a la formación Rubicon, banda de pop liderada por Jerry Martini. Una vez disueltos Rubicon, en 1979 el bajista Jack Blades, los guitarristas Brad Gillis y Jeff Watson, el batería Kelly Keagy y el teclista Alan Fitzgerald formaron Stereo, antesala de Night Ranger, nombre que adoptaron en 1981.

Que el quinteto es uno de los mejores exponentes de hard rock orientado al gran público lo confirman su tres primeros y recomendables discos, *Dawn Patrol* (1982), *Midnight Madness* (1983) y *Seven Wishes* (1985), clasificados en el Top 30 de Estados Unidos y rellenos de hit singles, como «Sing me away», «Don't tell me you love», «(You can still) Rock in America», «When you close your eyes», «Sister Christian», «Sentimental street» o «Goodbye», todos ellos surgidos del talento de Blades, del que cabe recordar su paso por el supergrupo Damn Yankees a comienzos de los años noventa.

A partir de la segunda mitad de los años ochenta la discografía de Night Ranger pasaría a convertirse en una dilatada serie de discos correctos, aunque, afortunadamente, en los últimos tiempos ha dado muestras de revitalización, con trabajos notables como *Somewhere in California* (2011) y *High Road* (2014), distribuidos por el sello Frontiers Records. Después de tres décadas y más de diecisiete millones de discos vendidos, Night Ranger, formados en la actualidad por Blades, Keagy, Gillis y Keri Kelli (segunda guitarra) y Eric Levy (teclados), continúan demostrando la valía de su repertorio en eventos tan pecualires como el Monsters of Rock Cruise, celebrado en el mes de abril de 2015 en las aguas de Miami y en el que también participaron estrellas como Tesla, Europe, Extreme, Queensrÿche o Y&T, entre otras muchas figuras del hard rock clásico.

Ted Nugent

El vaquero de las seis cuerdas

Theodore Anthony Nugent
13 de diciembre de 1948
Detroit, Estados Unidos

Tras su paso por The Amboy Dukes, quienes entre 1968 y 1974 publicarían ocho álbumes recomendables, en 1975 el histriónico guitarrista Ted Nugent decidió iniciar su carrera en solitario, contando para ello con el cantante y guitarrista Derek St. Holmes, el bajista Rob Grande y el batería Cliff Davies.

Bajo el sello Epic, Nugent publicó su primer álbum en 1976, *Ted Nugent*, del que se vendieron dos millones de copias. Para el siguiente *Free For All* (1976), el guitarrista contó con Meat Loaf como vocalista, si bien Holmes regresó a la banda en *Cat Scratch Fever* (1977), la mejor grabación de Nugent en estudio, que junto al soberbio *Double Live Gonzo* (1978) conforman las piedras angulares de su discografía.

A lo largo de la década siguiente, Nugent consolidaría un sonido más *mainstream*, aunque jalonando su carrera con discos tan potentes como el directo *Intensities in Ten Cities* (1981), del que resultó un éxito su versión del clásico soul «Land of a thousand dances», mientras que una vez las modas musicales soplaron en su contra optó en 1989 por integrarse en el supergrupo Damn Yankees, junto a Jack Blades (Night Ranger), Tommy Shaw (Styx) y Michael Cartellone, cuyo primer disco homónimo les deparó un fugaz éxito. Una vez disueltos Damn Yankees, Nugent retomó su carrera, publicando una nueva serie de discos de los cuales destacan *Craveman* (2002) y *Shutup & Jam* (2014), aunque, en general, sumidos en una línea menor a sus grabaciones del pasado.

En los últimos años, el guitarrista también ha sido foco de atención por sus controvertidas convicciones políticas, que incluyen la libre venta de armas y la frontal oposición al partido demócrata norteamericano.

P

Pearl Jam

Supervivientes del tsunami grunge

1889
Seattle, Estados Unidos

En su momento, Pearl Jam se erigieron como una de las formaciones adalides del movimiento grunge en los años noventa. La propia génesis del grupo estuvo marcada por la fatalidad que caracterizó al grunge, pues su fundación devinó tras el fallecimiento por sobredosis de Andrew Wood, el que fuera cantante de Mother Love Bone, grupo del que formaban parte Stone Gossard (guitarra) y Jeff Ament (bajo), que tras el triste incidente decidieron formar una nueva banda, Pearl Jam, junto a Eddie Vedder (cantante), Mike McCready (guitarra) y Dave Krusen (batería).

Tras una gira por la Costa Oeste como teloneros de Alice in Chains, en marzo de 1991 Pearl Jam iniciaron la grabación de su primer álbum, *Ten*, del que sería éxito el tema *Alive*, el cual, junto a *Nevermind* de Nirvana, está considerado como el epicentro del movimiento grunge. Durante los dos siguientes años la popularidad de la banda adquiriría proporciones estra-

tósfericas, llevándoles a actuar por todo el mundo y permitiéndoles que su segundo trabajo, *Vs* (1993), vendiese en su primera semana casi un millón de copias, y eso que su posterior promoción, truncada por el litigio contra la empresa Ticketmaster, llevó a la banda a anular la gira correspondiente, al no poder actuar en Estados Unidos en los siguientes tres años. No obstante, la pugna contra Ticketmaster apenas afectaría comercialmente a su tercer trabajo, *Vitalogy* (1995), que también conseguiría ventas millonarias. Pero por entonces las relaciones entre los miembros de la banda entraron en un bache, forzándoles a emprender diferentes proyectos, como servir de músicos a Neil Young, en el disco de este *Mirror Ball* (1995).

Probablemente las malas relaciones fueron la causa de la irregularidad en las siguientes grabaciones de los álbumes, *No Code* (1996) y *Yield* (1998), el segundo ya con Matt Cameron a la batería, preludio ambos de una nueva etapa de grandes discos, inaugurada con el álbum *Binaural* (2000) y de la que también forman parte *Pearl Jam* (2006) y *Backspacer* (2009).

Alejados de los días de amargura grunge y de conflictos emocionales internos, hoy en día Pearl Jam es una de las bandas más respetadas, cuyo objetivo es el equilibrio entre lo personal, lo artístico y lo comercial, como demuestra su último trabajo en estudio, *Lightning Bolt* (2013), promocionado mediante una treintena de conciertos ofrecidos a ambos lados del Atlántico.

Poison

Éxito con espinas

1984
Mechanicsburg, Estados Unidos

Poison son una de las más populares bandas de glam metal, formada por el cantante Bret Michaels, el guitarrista Matt Smith, el bajista Bobby Dall y el batería Rikki Rockett, bajo el nombre de Paris, modificado por el definitivo Poison a raíz del traslado de la formación a Los Angeles.

Con CC deVille como guitarra, Poison grabaron el multiplatino *Look What The Cat Dragged in* (1986), al que pertenecen los singles «Cry tough», «Talk dirty to me», «I want action» y «I won't forget you».

A los conciertos del Look What the Cat Dragged In Tour por Estados Unidos, Canadá y Japón les siguió la grabación de *Open Up and Say... Ahh!* (1988), del que se vendieron 11 millones de copias y del que fueron singles los temas «Every rose has its thorn», «Nothin' but a good time», «Fallen angel» y «Your mama don't dance». Por entonces, Poison eran la tercera banda norteamericana de mayores ventas, tan solo por detrás de Guns N' Roses y Bon Jovi.

Su fórmula magistral se repitió con el tercer álbum, *Flesh & Blood* (1990), siete millones de discos vendidos y una nueva retahíla de singles: «Unskinny bop», «Ride the wind», «Life goes on» y «Something to believe in».

La participación en el Festival de Donington de 1990, compartiendo cartel con Aerosmith y Whitesnake, entre otros artistas, y la publicación del directo *Swallow This Live* (1991) significaron el final de la etapa de mayor esplendor de Poison, cerrada tras la expulsión de CC DeVille por sus problemas con las drogas.

Con Richie Kotzen, el grupo grabó *Native Tongue*, más orientado al blues y cuyo relativo fracaso comercial trajo la entrada del guitarrista Blues Saraceno en plena gira por Latinoamérica, la cual incluyó una actuación en Brasil ante más de 100 mil personas en el mes de agosto de 1993. El posterior accidente de circulación de Michaels y el desinterés de Capitol Records confinaron a Poison a la inactividad hasta 1999, cuando Michaels y DeVille arreglaron sus diferencias y la formación original emprende una gira internacional.

Con la llegada del nuevo siglo llegarán nuevos discos (*Crack a Smile... And More* y *Power to the People*, ambos de 2000, y *Hollyweird*, en 2002) y giras para el recuerdo, como las compartidas con Kiss (en 2004), Def Leppard y Cheap Trick (en 2009) y Mötley Crüe y New York Dolls (en 2011).

Q

Queen

Larga vida a la reina

1970

Londres, Gran Bretaña

Cuarteto formado en 1970 por el cantante Freddie Mercury, el guitarrista Brian May, el bajista John Deacon y el batería Roger Taylor, considerado como uno de los más importantes nombres del rock internacional gracias a un estilo propio, de sonido característico, que combinaba cadencias de rock contemporáneo con otros estilos como el folk o el pop.

Su discografía comprende dos etapas: la primera, de 1973 a 1982, con títulos tan reseñables como *Sheer Heart Attack* (1974), *A Day at the Races* (1976), *News of the World* (1977), *Jazz* (1978) y *The Game* (1980), sin olvidar su obra cumbre, *A Night at the Opera* (1975), en el que se incluye uno de los

temas más emblemáticos de la música moderna, «Bohemian rhapsody», un ejercicio de rock y pseudo-ópera obra del incontestable talento de Freddy Mercury.

La segunda etapa de la discografía de Queen va de 1984 a 1995, un período en el que la innovación musical da paso a la madurez en las composiciones, tal y como prueban discos como *The Works* (1984), *The Miracle* (1989) o *Innuendo* (1991).

Ventas millonarias (unos 300 millones discos vendidos hasta la fecha), espectaculares giras mundiales, una retahíla de singles de éxitos («We are the champions», «We will rock you», «Bohemian rhapsody», «Don't stop me now», «Crazy little thing called love», «Another one bites the dust», «Under pressure», «Radio gaga»...).. éxitos que pasaron a la historia cuando el 24 de noviembre de 1991 Freddie Mercury moría en su residencia de Londres a los cuarenta y cinco años, víctima del sida. Tras la muerte de Mercury, y la posterior retirada de Deacon, May y Taylor han continuado esgrimiendo el nombre de Queen, sirviéndose de cantantes como Paul Rodgers (Free, Bad Company...), entre 2004 y 2009, y Adam Lambert, ganador de una de las ediciones del programa *American Idol*, en los últimos tiempos.

Queensrÿche

Treinta años de progresivo

1981
Bellevue, Estados Unidos

Queensrÿche son una de las primeras y más talentosas bandas de metal progresivo, formada por Chris DeGarmo (guitarra), Scott Rockenfield (batería), Geoff Tate (cantante), Michael Wilton (guitarra) y Eddie Jackson (bajo).

Su primera publicación discográfica, el EP *Queen Of The Reich* (1983), autofinanciado y distribuido por el sello de la banda, 206 Records, captó el interés del sello EMI, con el que lanzaron durante los siguientes tres años otros tantos álbumes con un sonido inspirado en bandas como Iron Maiden y Judas Priest. No obstante, en 1988, ya con un sonido propio, el quinteto publicó *Operation: Mindcrime*, una de las obras cumbres del metal progresivo, que incluía arreglos orquestales de Michael Kamen, seguido dos años después por *Empire*, ambiciosa grabación de la que fue éxito el tema «Silent lucidity».

A partir de entonces, Queensrÿche se sumió en una fase de menor inspiración, aún con álbumes tan interesantes como *Promise Land* (1994) o, ya sin el guitarrista Chris DeGarmo, *Tribe* (2003).

La falta de inspiración y la añoranza de tiempos mejores llevó a la publicación en 2006 de *Operation: Mindcrime II*, que al verse desprovisto del éxito de antaño provocó las tiranteces en el seno de la banda que culminaron en 2012 con la expulsión de Tate, quien, inesperadamente, continuó su carrera utilizando el nombre de la formación, dando lugar a que en 2013 apareciesen dos álbumes bajo el nombre de Queensrÿche: *Frequency Unkown*, de la nueva banda de Tate, y *Queensrÿche*, publicado por sus excompañeros.

Queens of Stone Age

Buenos tiempos para el rock

1996
Palm Desert, Estados Unidos

Bajo la dirección de Josh Homme, antiguo miembro de la banda Kyuss, Queens of the Stone Age combinan en su repertorio cadencias musicales que evocan el acid rock de principios de los años setenta, el heavy metal de los ochenta y el grunge de los noventa, una amplia amalgama que sirve para elaborar una de las mejores muestras de stoner rock.

Queen of Stone Age tuvieron su debut discográfico en 1998 con el disco hómonimo publicado a través del sello Loose Groove Records, propiedad del miembro de Pearl Jam Stone Gossard. A su *opera prima*, a la que pertenecen temas como «If only» o «Avon», le seguiría dos años después *Rated R*, producido junto a Chris Goss (miembro de Masters of Reality y productor de Kyuss) y en el que participarían Nick Oliveri, como miembro oficial, Rob Halford (Judas Priest) y Mark Lanegan y Barrett Martin, exmiembros de Screaming Trees. También hubo colaboraciones especiales en el tercer disco de QOTSA, el soberbio *Songs for the Deaf* (2002), pues en él aparecen Dave Grohl y, de nuevo, Mark Lanegan.

Coincidiendo con la publicación del recopilatorio *Stone Age Complication* (2004), Oliveri abandonó la banda en circunstancias poco amables, de ahí que en el disco de 2005 *Lullabies to Paralyze* Homme le dedicase la canción de título explícito «Everybody knows that you're insane» (Todo el mundo sabe que estás loco).

Sin bajar ni un ápice en cuanto a calidad se refiere, en los últimos años QOTSA han publicado dos nuevos discos, *Era Vulgaris* (2007) y *Like Clockwork* (2013), este último número 1 en Estados Unidos, que los conforman como una de las bandas más fiables del momento.

Quiet Riot

Obstinados hasta el fin

1973
Los Angeles, Estados Unidos

Aunque en Europa son uno de las nombres menos recordados, Quiet Riot fueron la primera banda de heavy metal en triunfar en Estados Unidos durante la primera mitad de los años 80.

Formados por el cantante Kevin DuBrow, el guitarrista Randy Rhoads, el bajista Kelly Garni y el batería Drew Forsyth, no sería hasta 1983 cuando, tras dos discos de escaso éxito, *Quiet Riot* (1977) y *Quiet Riot II* (1978), lograron triunfar como uno de los máximos exponentes del denominado glam metal gracias a su tercer disco, *Metal Health* (1983), el primer disco de heavy metal en alcanzar el número 1 en Estados Unidos, gracias en buena medida al éxito de la versión «Cum on feel the noize», número 5 en Estados Unidos. Por entonces, Quiet Riot lo formaban DuBrow, el guitarrista Carlos Cavazo, el bajista Rudy Sarzo y el batería Frankie Banali. Pero el estrellato resultó pasajero y Quiet Riot se sumieron en un segundo plano tras *Condition Criminal* (1984), álbum del cual, no obstante, se vendieron tres millones de copias.

En la actualidad, y a pesar de que en el mes de noviembre de 2007 falleció DuBrow, Banali mantiene en activo a Quiet Riot, acompañado del bajista Chuck Wright, el batería Alex Grossi y el cantante Keith St. John.

The Quireboys

Revival de la vieja escuela del rock británico

1984
Londres, Gran Bretaña

The Quireboys fueron en su momento los mayores representantes europeos del denomiando sleazy rock, gracias a su espléndido álbum de debut, *A Bit Of What You Nancy* (1990), número 2 en las listas británicas, cuya repercusión y el estar representados por Sharon Osbourne, esposa de Ozzy Osbourne, les llevó a actuar en Estados Unidos y abrir las actuaciones de artistas como L. A. Guns, Heart, Soundgarden o The Cult. En Gran Bretaña lo hicieron para los Rolling Stones, en una actuación que sus Satánicas Majestades ofrecieron en Newcastle, y en el Festival de Donington, en la edición en la que el cartel incluía a Whitesnake, Poison y Aerosmith. Su segundo álbum, *Bitter, Sweet and Twisted* (1993), cuyas sesiones se retrasaron hasta que el productor Bob Rock pudo estar disponible, resultó otra buena de sleazy rock, pero en el momento de su publicación el estilo que habían apadrinado Guns N' Roses había sido arrasado por el grunge, desincronización de tendencias que unido a las discrepancias en el seno de la banda abocaron a ésta a su separación, efectiva tras la gira de promoción del álbum, que incluyó telonear a los citados Guns N' Roses durante el tramo por el norte de Europa.

Sin embargo, en 2001 The Quireboys regresarían con su tercer disco, *This Is Rock'N'Roll*, prólogo de su segunda etapa de actividad, que discográficamente, y hasta la fecha, tiene como último capítulo el notable *Beautiful Curse* (2013), excusa de una serie de actuaciones que llevaron a Quireboys por los escenarios europeos hasta 2015.

R

Rainbow

Hijos de un dios menor

1975-1997
Hertford, Gran Bretaña

Tras su paso por los históricos y fundamentales Deep Purple, en 1975 el guitarrista Ritchie Blackmore emprendió su propia carrera bajo la denominación grupal de Rainbow, fichando como músicos de acompañamiento a los íntegrantes de Elf, encabezados por el gran vocalista Ronnie James Dio. Con estos tan solo grabó el álbum *Ritchie Blackmore's Rainbow* (1975), que incluía el clásico «Man on the silver mountain», aunque para los siguien-

tes álbumes, *Rising* (1976) y *Long Live Rock'n'Roll* (1978), mantuvo, como no podía ser de otra manera, a Dio como vocalista, quien, no obstante, en 1979 aceptaría la propuesta de Tony Iommi para ocupar la vacante de Ozzy Osbourne en Black Sabbath.

En Rainbow, el también excelente cantante Graham Bonnet sería quien substituyese a Dio y con otro exDeep Purple, el bajista Roger Glover, la banda de Blackmore puso su mirada en el mercado americano, grabando algunos hits como «Since you been gone» y «All night long», pertenecientes al álbum *Down to Earth* (1979). Pero Bonnet regresó a Alcatrazz y en el siguiente disco, *Difficult to Cure* (1981), fue Joe Lynn Turner el encargado de las partes vocales.

Tras dos nuevas grabaciones de notable factura, *Straight Between the Eyes* (1982) y *Bent Out of Shape* (1983), y algunos conciertos en Japón junto a la Filarmónica de Tokyo, en 1984 el inquieto Blackmore regresaría temporalmente a Deep Purple, aunque en 1995, tras abandonar de nuevo la banda que le había dado renombre, grabaría de nuevo como Rainbow el álbum *Stranger in Us All*. No obstante, dos años después, el guitarrista inició una nueva etapa musical junto a su compañera sentimental, la cantante Candice Night, formando Blackmore's Night, orientándose al folk de cadencias medievales.

Ratt

Tópicos glamurosos

1976
Los Angeles, Estados Unidos

Formados por el cantante Stephen Pearcy, el guitarrista Robbin Crosby y el bajista Juan Croucier, Ratt fueron una de las bandas de glam metal de mayor impacto en Estados Unidos a mediados de los años 80.

Con Bobby Blotzer a la batería y Warren DeMartini como guitarra solista y tras fichar por Atlantic Records, los dos primeros discos de la formación reúnen los tópicos y las sonoridades representativas del hard rock de la época, forjado en los clubs de Los Angeles: *Out of the Cellar* (1984), su mejor producción, de la que gracias al apoyo de la cadena MTV fue éxito el single «Round and round» (número 12 en Estados Unidos), e *Invasion of Your Privacy* (1985). En su época de mayor gloria, Ratt compartieron escenario con Bon Jovi, Iron Maiden y Ozzy Osbourne, participando en la edición de 1985 del Festival de Donington, junto a ZZ Top, Bon Jovi, Metallica y Magnum. Incluso el álbum *Dancing Undercover* (1986) les permitió llevar a cabo el sexto tour de mayor recaudación de 1987, aunque el mediocre *Reach for the Sky* (1987) significó el inicio de su declive, afectado por los serios problemas con las drogas de Crosby, quien, fallecería de sida en 2002.

Antes del fatal desenlace, en 1993, Pearcy había abandonado Ratt, regresando en 1996 y de nuevo en 2006. A estos dos períodos pertenecen *Ratt* (1999) e *Infestation* (2010), álbumes que no lograron mantener a Pearcy en la banda, quien en el mes de abril de 2014 anunció su enésima salida de Ratt.

Red Hot Chili Peppers

Cambiando los patrones musicales

1983
Los Angeles, Estados Unidos

Aunque ya llevaban algunos años mostrando su particular combinación de funk y rock, fue a comienzos de los años 90 cuando la industria discográfica internacional se vio agitada por la última revolución musical, que, de manera ecléctica, podríamos definir como la del rock alternativo en sus diferentes y nuevos estilos. A este estilo pertenecen Red Hot Chili Peppers, formados en 1983 en Los Angeles, por Anthony Kiedis y Michael 'Flea' Balzary, a los que en 1988 se les sumó el guitarrista John Frusciante y poco después el batería Chad Smith.

La formación clásica del cuarteto grabó cuatro discos (*The Red Hot Chili Peppers* (1984), *Freaky Styley* (1985), *The Uplift Mofo Party Plan* (1987) y *Mother's Milk* (1988)— con los que definieron paulatinamente su estilo hasta

llegar a su obra cumbre, *Blood Sugar Sex Magik* (1991), cuyo sonido y repertorio se mimetizan con la música popular de los años 90. Las consecuencias negativas del éxito masivo internacional obligó a Frusciante a dejar el grupo y ser substituido por Dave Navarro entre 1992 y 1998. A su regreso, el cuarteto publicó *Californication* (1999), del que se han vendido más de quince millones de copias. Comercialmente, *By the Way* (2002) y *Stadium Arcadium* (2006) engrosarían las ventas de RHCP hasta los más de cien millones de discos distribuidos en todo el mundo, mientras que artísticamente han visto reconocida su contribución a la música moderna con la consecución de siete Grammys y su ingreso en el prestigioso Rock and Roll Hall of Fame.

En 2008, Frusciante volvería a abandonar RHCP, siendo entonces reemplazado por Josh Klinghoffer, guitarrista que participó en la grabación de *I'm With You*, publicado en 2011.

Reo Speedwagon

Grandeza bregada

1967
Champaign, Estados Unidos

Quinteto que a comienzos de los años setenta interpretó un rock similar al desarrollado por bandas como Doobie Brothers o los primeros Steely Dan,

para una década después adentrarse en los sonidos más comerciales del rock AOR. A su primera etapa corresponde la producción discogràfica comprendida entre 1971 a 1976, media docena de discos de entre los que destaca *Ridin' the Storm Out* (1973), mientras que la segunda, iniciada con la publicación de *You Can Tune a Piano, But You Can't Tuna Fish* (1978), número 29 en Estados Unidos, resultaría la antesala del capítulo de sus mayores éxitos, al que pertenecen los álbumes *Nine Lives* (1979), el superventas y número 1 en Estados Unidos *Hi Infidelity* (1980), *Good Trouble* (1982) y *Wheels Are Turnin'* (1984).

A partir de la segunda mitad de los años ochenta la discografía de Reo Speedwagon caería en la apatía, llegando a incluir algún título tan curioso como *Not So Slient Night... Christmas with Reo Speedwagon* (2009), mera revisión de algunos clásicos navideños.

Junto a los veteranos Kevin Cronin (cantante), Neal Doghty (teclados) y Bruce Hall (bajo), en la actualidad Dave Amato (guitarra) y Bryan Hitt (batería) completan desde 1989 la formación de Reo Speedwagon, que en 2015 se mantienen en la carretera, aunque ofreciendo shows tan solo en su país.

Rollins Band

Agitando conciencias

1987-2006
Van Nuys, Estados Unidos

A comienzos de 1987, tras su paso por los hardcore Black Flag, Henry Rollins decidió iniciar su carrera en solitario al frente de la Rollins Band, una referencia encuadrada dentro del denominado metal alternativo y con la que Rollins se ha erigido como un innovador intérprete callejero, cuya propuesta fue descrita por el crítico musical Steve Huey como «una fusión catártica, intensa y sin concesiones de hard rock, funk, post-punk, noise y jazz experimental, en la que Rollins grita rabiosos, caústicos autoexámenes y acusaciones a los conformistas».

La discografía de la Rollins Band ha discurrido bajo una templada y abonada inspiración, quedando establecida en tres períodos: de 1987 a 1990, años de los que merecen mención *Do It* (1988) y *Hard Volume* (1989); de 1991 a 1997, época en la que la Rollins Band alcanzó el reconocimiento masivo gracias a su participación en el festival Lollapalooza y a la que pertenecen discos como *The End of Silence* (1992) y *Weight* (1994), y el tercer y último capítulo, de 2000 a 2004, quizás el más interesante por títulos tan recomendables como *Nice* (2001), *The Only Way to Know for Sure* (2002) y *Weighting* (2004), y en el que contó ocasionalmente con la banda Mother Superior como músicos de acompañamiento. Además de por su faceta musical, Henry Rollins es un conocido activista defensor de los derechos humanos, además de escritor y actor de cine y televisión.

Rose Tattoo

Los chicos malos no tocan rock'n'roll

1976
Sydney, Australia

Liderados por Angry Anderson, Rose Tattoo es una longeva banda australiana cuya discografía pergeña el rebufo de sus celebérrimos compatriotas AC/DC y que en los últimos lustros ha conocido una segunda juventud gracias a la reivindicación que de ellos hicieron Guns N' Roses en su mini-elepé *Lies*, en el que incluyeron una versión de *Nice boys*, tema que originalmente los australianos grabaron para su álbum homónimo de debut *Rose Tatoo*, producido en 1978, al igual que sus siguientes tres discos, por Harry Vanda y George Young, quienes también lo hicieron para AC/DC. No obstante, y a diferencia de los aclamados hermanos Young, Rose Tattoo han sido una banda maldita, cuya influencia se ha visto reducida a un círculo muy delimitado de músicos y aficionados al rock. Nunca han dejado de lado su carrera, si bien su discografía se reduce a una decena de títulos, de entre los que destacan, además del citado álbum de debut, *Rock'n'Roll Outlaw*, su mayor éxito en Estados Unidos, y *Assault & Battery*, ambos publicados en 1981.

De sus más recientes obras se deben citar *Pain* (2002) y *Blood Brothers* (2007), disco en el que participó su última alineación estable: además de Anderson, Dai Pritchard (guitarra), Randall Waller (guitarra), Dario Bortolin (bajo) y Paul DeMarco (batería), quienes en 2013 llevaron a cabo la breve gira As Young As You Wanna Be, exclusivamente por escenarios de su país.

The Runaways

Las chicas son rockeras

1975-1979
Los Angeles, Estados Unidos

Icónico grupo femenino formado en 1975 por la batería Sandy West y la guitarrista Joan Jett y descubierto por el productor Kim Fowley. Inicialmente la banda funcionó como trío, con Micki Steele al bajo (años después en las Bangles), hasta que Cherie Currie, Lita Ford y Jackie Fox se les unieron como cantante, guitarrista y bajista, respectivamente.

Su primer éxito llegaría en 1976 con el tema «Cherry bomb», preludio del lanzamiento del álbum *The Runaways*, que promocionaron abriendo los conciertos de bandas como Cheap Trick, Tom Petty y Van Halen, mientras que con su segundo álbum, *Queens of Noise* (1977), que junto al anterior conforman la cúspide de su discografía, se embarcaron en una gira mundial de las que destacaron las actuaciones ofrecidas en Japón, país en el que contaron con el decisivo apoyo de la televisión, aunque la estancia en el país coincidió con la marcha de Fox, poco después substituida por Sofia Clement.

La salida al mercado de *Waiting For The Night* (1977) se produjo meses antes que la del disco en solitario de Currie, *Beauty's Only Skin Deep*, también producido por Kim Fowley, quien se distanciaría de la banda debido a problemas entre sus respectivos representantes. Sin Fowley y el abandono de Vicki Blue, el quinteto publicaría su último álbum, *And Now... The Runaways* (1978), producido por John Alcock, pues poco después las disputas entre Jett y Ford desembocarían en la precoz disolución de The Runaways en 1979.

Rush

Progresivos imprescindibles

1968
Toronto, Canadá

La complejidad y profusión de la música de Rush, que ha ido del hard rock clásico hacia lo progresivo, y la apertura de estilo en sus letras, en las que se da cabida tanto a lo fantástico como a lo social, han sido referencia de posteriores formaciones de prestigio, como Dream Theater, Queensrÿche o Symphony X.

Aunque formados en 1968, la alineación estable e histórica de Rush no quedó establecida hasta 1974, con Neil Peart a la batería, Geddy Lee al bajo y voz y Alex Lifeson a la guitarra, alineación que ha perdurado hasta la actualidad desde la publicación de su segundo álbum, *Fly By Night* (1975), al que había precedido el debutante *Rush* (1974), una refrescante revisión del legado de Led Zeppelin, con John Rutsey a la batería.

De su casi veintena de álbumes en estudio destacan *2112* (1976) y *Moving Pictures* (1981), aunque también se consideran elementales *Permanent Waves*

(1980), *Signals* (1982), *Snakes & Arrows* (2007) y el más reciente *Clockwork Angels* (2012), títulos que en 2013 justificaron su más que merecida inclusión en el Salón de la Fama del Rock.

En directo, Rush tampoco se quedan a la zaga de sus logros en estudio, puesto que han sido nominados cinco veces al Grammy a la Mejor Actuación de Rock Instrumental, valía que queda recogida en grabaciones como *R30: 30th Anniversary World Tour* (2005), *Grace Under Pressure* (2006) o *Clockwork Angels Tour* (2013).

S

Joe Satriani

Surfeando con el maestro

Joseph Satriani
16 de julio de 1956
Nueva York, Estados Unidos

Apodado 'Satch', Joe Satriani es uno de los más influyentes guitarristas de hard rock, habiendo sido maestro de otros instrumentistas de gran nivel como son Steve Vai, Kirk Hammett, Larry LaLonde, Alex Skolnick o Marty Friedman.

A su vez influenciado por Jimi Hendrix y Allan Holdsworth, Satriani alcanzó reconocimiento mundial con su segundo trabajo, *Surfing With the Alien* (1987), considerado uno de los cinco mejores discos instrumentales del rock con la guitarria como protagonista.

De su trayectoria musical destaca su colaboración en 1994 con Deep Purple, substituyendo de urgencia a Ritchie Blackmore, y, en 1996, la formación de la denominada G3, gira que entonces compartió con Steve Vai y Eric Johnson.

Criticado por algunos por su excesiva sencillez compositiva, previsible y poco dada a los cambios armónicos, Satriani posee una técnica y una visión de estilos que lo dotan de un lirismo musical envidiable, de lo que buen ejemplo resultan sus álbumes *Flying in a Blue Dream* (1989), *Time Machine* (1993) y el más reciente *Shockwave Supernova* (2015).

Skid Row

Nuevo heavy metal americano

1986
Toms River, Estados Unidos

Quinteto formado por Sebastian Bach (cantante), Dave Sabo (guitarra), Scotti Hill (guitarra), Rachel Bolan (bajo) y Rob Affuso (batería). Gracias a la amistad de Sabo con Jon Bon Jovi, la banda logró un contrato con el sello Atlantic, con el que abrieron su discografía con el álbum *Skid Row* (1989), del que serían éxito los singles «18 and life», «I remember you» y «Youth gone wild», que ayudaron a que se consiguiera vender del disco más de cinco millones de copias, tan solo en Estados Unidos.

Su segundo álbum, *Slave to the Grind* (1990), sería número 1 en Estados Unidos y a él pertenecen los hits «Monkey business», «Slave to the grind» y «Wasted time». Tal éxito, que también les valió recibir el Grammy al Mejor Nuevo Artista de Heavy Metal/Hard Rock, les permitió abrir los conciertos de dos gigantes del momento como Metallica y Guns N' Roses, además de participar en el Festival de Doningotn de 1992, encabezado por Iron Maiden.

A pesar de los buenos resultados de sus dos primeros discos, para *Subhuman Race* (1995) decidieron contar con Bob Rock como productor, en lugar de Michael Wagener, cambio que no evitaría que el disco no obtuviese el alcance comercial deseado. Esto y una pelea con Bolan hizo que Bach abandonase la formación, que hasta 1999 no regresaría al panorama musical con Johnny Solinger como nuevo vocalista. Desde entonces, Skid Row han publicado dos discos menores, *Thicksin* (2003) y *Revolutions per Minute* (2008), y el más recomendable *Rise of the Damnation Army, United World Rebellion: Chapter 2* (2014).

Slade

Clásicos relegados

1966
Walsall, Gran Bretaña

Influencia directa de artistas americanos como Kiss, Twisted Sister o Cheap Trick, Slade curiosamente no lograron jamás conquistar Estados Unidos. Aún así, Noddy Holder (cantante y guitarra), Dave Hill (guitarra), Don Powell (batería) y Jim Lea (bajo), constituirían una de las formaciones británicas más emblemáticas y exitosas de los años setenta, tras integrarse circunstancialmente en el denominado glam rock y conseguir entre 1971 y 1976 nada menos que diecisiete Top 20, de ellos, seis números 1, tres número 2 y dos números 3.

La discografía de Slade se abre en 1970 con el correcto *Play It Loud*, para después, a caballo entre 1972 y 1974, grabar sus mejores títulos, *Slayed?* y *Slade in Flame*, en los que se reunieron clásicos como «The world is going crazy», «Gudbuy t'Jane», «Mama weer all crazee now» o «Cum on feel the noize». Posteriormente, sus álbumes entrarían en un declive de inspiración, aunque su discografía aún contaría con algún título en directo recomendable, como *Slade on Stage* (1982). Sin Holder ni Lea desde 1992, en la actualidad Slade siguen en activo guiados por Hill y Powell, acompañados por el bajista John Berry y el guitarrista y cantante Mal McNulty.

Smashing Pumpkins

Tormenta de sonidos catárticos

1988
Chicago, Estados Unidos

Billy Corgan es el *alma mater* de este cuarteto que contó en su alineación histórica con el guitarrista James Iha, el batería James Chamberlain y la bajista D'Arcy Wretzky.

Smashing Pumpkins, partiendo de la escena grunge de la primera mitad de los años noventa, tomaron prestadas cadencias góticas, psicodélicas, electrónicas e incluso metálicas, las cuales, aunque extremas, el talento de Corgan adecuó con éxito al *mainstream*, como demuestran los veinte millones de discos que la banda ha vendido tan solo en Estados Unidos.

A ese período corresponden álbumes de primerísima calidad, como *Gish* (1991), *Siamese Dream* (1993) o *Mellon Collie and the Infinite Sadness* (1995), este último número 1 en Estados Unidos.

Tras esta primera etapa, y coincidiendo con el cambio de milenio, Corgan decidiría disolver la formación, aunque en 2006 él y Chamberlin se reunieron para grabar *Zeitgeist*, presentado con una gira en la que la entrada y la salida de músicos fue una constante. Posteriormente, en 2009, el propio

Chamberlain dejaría Smashing Pumpkins, siendo ocupado su puesto por Mike Byrne.

Con Corgan ya como líder indiscutible, en los últimos años Smashing Pumplins han publicado dos discos de interés, *Oceania* (2012) y *Monuments to an Elegy* (2014), que les han devuelto a los primeros puestos de las listas americanas.

Stone Temple Pilots

Amor y odio sonoro postgrunge

1985
San Diego, Estados Unidos

El paso del tiempo ha reconocido a Stone Temple Pilots como una banda que va mucho más allá de la etiqueta de 'clones de Pearl Jam' que la prensa musical les colocó tras la publicación de su primer álbum, *Core* (1992) y el lanzamiento de la canción «Plush», como tercer single. El propio cuarteto se desharía de esa acusación con su segundo trabajo, *Purple* (1994), número 1 en Estados Unidos, una evidente voluntad por presentar un sonido que iba desentendiéndose de las modas musicales.

Una de las principales cualidades del cuarteto son las interpretaciones vocales de Scott Weiland, cuya polémica personalidad llevaría al grupo a disolverse en 2003, tras *Shangri-La Dee Da* (2001), un disco que mermaba los logros conseguidos por los anteriores *Tiny Songs... Music From The Vatican Gift Shop* (1996), con el que Stone Temple Pilots se alejaron definitivamente del patrón grunge, y *No. 4* (1999).

En el lapsus de aquella separación, Weiland se uniría a los Velvet Revolver de los exGuns N' Roses Slash, Duff McKagan y Matt Sorum, pero la irregularidad de los dos discos publicados por este supergrupo —*Contraband*

(2004) y *Libertad* (2007)— propiciaron la reunión de Stone Temple Pilots, quienes en el mes de mayo de 2010 lanzaban su último larga duración hasta la fecha, precisamente titulado *Stone Temple Pilots*, un sólido trabajo que discurre entre el grunge y el hard rock de los años 70 y que confirma la química musical existente entre los hermanos DeLeo y Weiland, de la que también buena muestra es el posterior EP *High Rise* (2013).

Soundgarden

Desmarcándose de Cobain

1984
Seattle, Estados Unidos

Soundgarden saltaron a la palestra musical internacional como referente del grunge, codeándose con las bandas punteras del género, es decir, Nirvana, Pearl Jam y Alice In Chains.

Aprovechándose de la inercia mediática y de fenómeno musical del grunge, Soundgarden, liderados por el talento inquieto de su cantante, Chris Cornell, publicaron discos de gran calidad, como el inicial *Ultramega OK* (1988) o su disco de retorno *King Animal* (2012), si bien resultan aún más meritorios *Badmotorfinger* (1991) y, especialmente, *Superunknown* (1994), número 1 en Estados Unidos y álbum que les brindó fama internacional gracias a temas como «The day I tried to live», «Fell on black days», «Spoonman» y «Black hole sun», los dos últimos ganadores, respectivamente, de los premios Grammy a la Mejor Interpretación de Metal y Mejor Interpretación de Hard Rock.

Disueltos en 1997 por diferencias personales y musicales, en 2010 Soundgarden volvieron a la escena musical para ofrecer conciertos a ambos lados del Atlántico, circunstancia que desembocaría un par de años después en el lanzamiento del álbum *King Animal*, del que se extrajeron los sencillos «Been away too long» y «By crooked steps» (cuyo correspondiente videoclip estuvo dirigido por Dave Grohl).

Status Quo

Rock hasta desfallecer

1962
Londres, Gran Bretaña

Formados por el cantante y guitarra Francis Rossi, el bajista Alan Lancaster y el batería John Coghlan, y tras un primer disco, *Picturesque Matchstickable Messages* (1968), orientado al pop de la típica efervescencia psicodelica de mediados de los años sesenta, Status Quo se convertirían en la década de los años setenta, ya con Rick Parfitt en la guitarra rítmica, en una de las formaciones de boogie rock más populares de Europa y, al mismo tiempo, en una auténtica fábrica de hits para las listas de éxitos británicas. Precisamente lo más granado de su discografía se circunscribe a esa década, con títulos tan meritorios como *Piledriver* (1972), *Hello!* (1973), *Quo* (1974), *On the Level*

(1975), *Blue for You* (1976), *Rockin' all Over the World* (1977), *If You Can't Stand the Heat* (1978) y *Whatever you Want* (1979).

En los ochenta, la marcha de Coghlan y las diferencias entre Rossi y Lancaster desembocaron en la disolución temporal de los Quo en 1984, reuniéndose al año siguiente de manera especial a petición de Bob Geldof para abrir el macro-festival Live Aid, lo que daría pie a que en 1986 Rossi y Parfitt reformasen la banda, que se ha mantenido en activo hasta la actualidad.

Esta segunda etapa, más extensa en el tiempo que la primera, se caracteriza por títulos menores en su discografía, aunque caben destacar algunos títulos como *Under the Influence* (1999) o *Aquostic* (2014), excusa para ser todavía una de las bandas veteranas del rock internacional con una intensa actividad sobre los escenarios.

Entre sus logros, cuentan con haber sido la banda que más veces ha aparecido en el programa musical inglés *Top of the Pops*, más de cien veces, y haber vendido más de 130 millones de discos en todo el mundo.

Steppenwolf

La fuerza del destino

1967
Toronto, Canadá

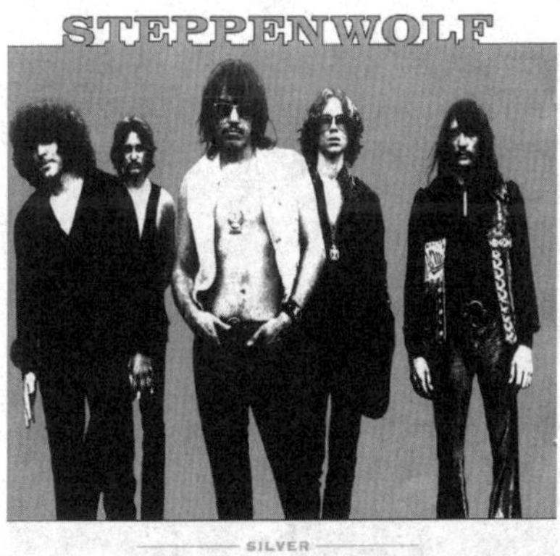

Aunque procedentes de Toronto, Steppenwolf se formaron formalmente en San Francisco en el año 1967, eso sí, como banda de folk, estilo que arrinconaron a instancias del productor Gabriel Mekler en pos del hard rock con el que se harían populares en todo el mundo de manera inmediata, gracias al tercer single «Born to be wild», extraído de su primer álbum homónimo, uno de los grandes clásicos del rock y dado a conocer tras incluirse en la banda sonora de la película *Easy Rider*.

Además de otros éxitos como «Magic carpet ride» o «Rock me», Steppenwolf se labraron reputación por el compromiso político-social plasmado en álbumes como *Monster* (1969) y *Steppenwolf* 7 (1970), ambos Top 20 en Estados Unidos, arengas musicales en contra de la política de Richard Nixon.

A pesar de su patente éxito, la banda se separaría en 1971, tras la publicación de *For Ladies Only*, dando paso a la carrera en solitario de John Kay. Hubo un conato de reunión en 1974 y el lanzamiento del álbum *Slow Flux*, pero sin el favor del públicó la banda se arrastró por los escenarios durante los años 70 sin Kay y con un disco inédito, *Night of the Wolf* (1979).

Kay, no obstante, formaría en la década siguiente John Kay & Steppenwolf, con los que grabó los discos *Wolf Tracks* (1982), *Paradox* (1984), *Rock & Roll Rebels* (1987), *Rise & Shine* (1990), ofreciendo actuaciones hasta la fecha.

T

Tesla

Segundo plato de lujo

1981
Sacramento, Estados Unidos

Tesla son una de las bandas de mayor prestigio en la escena del rock duro, con una discografía impecable y dotada de una coherencia poco habitual, que estilísticamente los aproxima a la vieja escuela de hard rock británico.

Las mejores muestras de su discografía se encuentran entre sus primeros trabajos, *Mechanical Resonance* (1986), *The Great Radio Controversy* (1989), *Five Man Acoustical Jam* (1990) y *Psychotic Supper* (1991), puesto que los discos publicados con posterioridad, aunque interesantes, son o bien testimonio de su hacer en directo —*Replugged Live* (2001), *Alive in Europe* (2009)— o bien homenajes a sus influencias musicales (los dos volúmenes *Real to Reel* (2007).

Tras tres décadas de actividad, cuyo último capítulo lo conforma el álbum *Simplicity* (2014), Tesla han disfrutado de las mieles del éxito, con varios temas clasificados en el Top 100 americano («Love song», «Signs», «Modern day cowboy», «What you give», «Mama's fool»...) y constantes actuaciones en Estados Unidos y Europa.

Thin Lizzy

Lynott no murió...

1969
Dublín, Irlanda

Histórica banda de hard rock cuya trayectoria giró en torno al talento y personalidad del bajista, cantante y compositor Phil Lynott (20 de agosto de 1949 - 4 de enero de 1986).

Tras unos comienzos humildes, ventas escasas y actuaciones por pequeños locales, en 1972 Thin Lizzy se únen a la gira de Slade por Europa lo que su discográfica, Decca, aprovechó para publicar el sencillo *Whiskey in the jar*, una canción tradicional que logran situar en el puesto número 6 de las listas de éxitos inglesas.

A partir de ese momento, los brillantes textos de Lynott y las guitarras de Brian Robertson y Scott Gorham darían lugar a una serie de discos clásicos, como *Jailbreak* (1976), que contiene «The boys are back in town»; *Johnny the Fox* (1976), *Bad Reputation* (1977) y *Black Rose* (1979), que convierten a Thin Lizzy en una de las bandas más importantes de la época, aunque el cambio de década hizo que la banda perdiera fuelle comercial, conminándolos a una gira de despedida, que duró casi un año (el último concierto lo ofrecieron el 4 de septiembre de 1983 en el Monsters of Rock celebrado en Nüremberg) y que quedó recogida en el doble álbum en directo *Life Live* (1983).

Lynott, cuyo talento como letrista y compositor le han llevado a ser comparado con genios como Dylan, Patti Smith, Jim Morrison o Bruce Sprignsteen, murió lamentablemente cuando se disponía a encarar su carrera en solitario, el 4 de enero de 1986, a causa de una sobredosis de heroína.

Triumph

Una banda con identidad

1975
Mississauga, Canadá

Canadá es un pequeño aunque exquisito filón para el rock. Pocas han sido las formaciones que han traspasado sus fronteras, pero las que lo han hecho han sido capaces de captar la atención del público internacional: Rush, Saga, Heart, Loverboy, Triumph...

Curiosamente, y aunque su reconocomiento mundial lo fue como banda de heavy metal, los miembros de estos últimos se han mostrado siempre reacios a aceptar este estilo como propio, prefiriendo describirse como una mezcla entre los Who y Emerson, Lake & Palmer. En la práctica, su defensa por un estilo personal les valió la agria definición de la revista *Rolling Stone* de ser «una banda sin identidad» (de hecho, en 1982 la publicación despreció el disco *Never Surrender*, dándole tan solo una estrella de cinco).

No obstante, Triumph lograrían el éxito en Estados Unidos tras el lanzamiento de su tercer álbum, *Just A Game* (1979), el primero de sus grandes trabajos, junto a *Progressions of Power* (1980), *Allied Forces* (1981) y *Surveillance* (1987). Sin embargo, la gira correspondiente a este último disco sería la última del guitarrista Rik Emmett. Gil Moore y Mike Levine ficharon en

1992 a Xenidis Phil, con el que grabaron *Edge of Excess*, pero la disolución del sello Victory Records provocaría a su vez la separación de la banda.

En 2007, Triumph ingresaron en el Salón de la Fama de la Música de Canadá y, finalmente, en el mes de junio de 2008, se reunieron para actuar en el Festival de Rock de Suecia, fecha a la que un año después dio paso a una gira mundial y la actual actividad de los canadienses.

Twisted Sister

Los hombres de hierro

1972-2016
Nueva York, Estados Unidos

Formados en el mes de diciembre de 1972 en Long Island, Twisted Sister, los «Hombres de Hierro del rock'n'roll», comenzaron realmente su singladura en 1976, con la incorporación del cantante Dee Snider, a la postre principal autor de las canciones y conductor del grupo hacia las cadencias del hard rock bajo una estética glam.

La discografía de Twsited Sister se inicia con la autofinanciación de los singles «I'll never grow up now» y «Bad boys (of rock & roll)», producidos en 1979 y 1980 por el legendario Eddie Kramer. Después, habrían de pasar dos años más hasta que, en 1982, apareciese su álbum de debut, *Under The Blade* (producido por Pete Way, de UFO), que paradójicamente los lanzó desde Gran Bretaña al éxito internacional, en el que se asentaron con los siguientes *You Can't Stop Rock'n'Roll* (1983), *Stay Hungry* (1984) y, en menor medida, *Come Out and Play* (1985). A partir de este último Twisted Sister perdieron impulso, llegando a su separación en 1988.

Con el nuevo milenio, Snider y los suyos volvieron a reunirse, ofreciendo en principio algunas actuaciones esporádicas, como el concierto benéfico celebrado en el mes de noviembre de 2001 para la Fundación de Viudas y Huérfanos de los departamentos de bomberos y polícias de Nueva York de los atendados del 11 de septiembre, o el Sweden Rock Festival de 2003, aunque, finalmente, en 2004 regresaron con una revisión íntegra de su álbum *Stay Hungry* y, ya en 2008, embarcarse en una nueva gira mundial en toda regla.

En la siguiente década, Twister Sister anunciaron su gira de despedida, que en 2015 les llevó a participar en numerosos festivales europeos y amercianos, como Metal Meltdown, Topfest, Rockfest o Toreboda Festivalen.

U

UFO

Eternos e imperecederos

1969
Londres, Gran Bretaña

Con unos orígenes que se remontan a 1969, UFO es una de las bandas más emblemáticas y longevas del hard rock, con una trayectoria que incluye momentos de éxito y prestigio con otros de olvido por parte de la prensa especializada y el gran público.

Tras unos primeros trabajos marcados por la psicodelia y el space rock, la entrada del guitarrista alemán Michael Schenker en 1973, en substitución de Bernie Marsden (después en la primera alineación de Whitesnake), les llevó a lanzar entre 1974 y 1979 lo mejor de su discografía: *Phenomenon* (1974), *Force It* (1975), *No Heavy Petting* (1976), *Lights Out* (1977), *Obsession* (1978) y el directo *Stranger in the Night* (1979).

Títulos clásicos del rock duro y vademécum de las nuevas generaciones de músicos, pero tras los cuales, y sin Schenker, UFO irían a la deriva, debido a un innecesario cambio de estilo (*No Place to Run* (1980), aunque producido por George Martin, productor de los Beatles, defraudó a los seguidores del grupo), los problemas con las drogas y el alcohol y el choque de egos (a mediados de los años 90, y tras algunos conciertos, Mogg y Schenker truncaron la continuidad de la formación clásica). A pesar de todo, Phil Mogg y Pete Way mantuvieron en vida a la banda, llegando a fichar al guitarrista Vinnie Moore y al batería Jason Bonham (hijo del fallecido John Bonham, de Led Zeppelin).

Lamentablemente, en 2006 a Way se le diagnosticó una afección al hígado que le obligó a apartarse de los escenarios, aunque UFO continúan aún en activo de la mano de Phil Mogg. Asi, en 2015, entre los meses de febrero y noviembre, ofrecerían sesenta actuaciones repartidas por Alemania, Inglaterra, España y Francia.

Uriah Heep

La importancia de la retaguardia

1969
Londres, Gran Bretaña

De la unión del cantante David Byron y el guitarrista Mick Box surgió Uriah Heep, quienes en sus comienzos se decantaron por el rock progresivo para una vez en el año 1972 convertirse en pioneros del heavy rock gracias al álbum *Demons and Wizards*, trabajo conceptual que incluía el éxito *Easy livin'*.

En su consolidación musical resultó fundamental el teclista Ken Hensley, principal autor de la mayoría de los temas de la mejor etapa de los Heep, la cual incluye los discos *The Magician's Birthday* (1973), *Sweet Freedom* (1973), *Wonderworld* (1974) y *Return To Fantasy* (1975). Después, Byron sería despedido y tras un lustro en el que Uriah Heep se decantaron por un sonido más comercial y de cuestionables resultados artísticos, en 1981 fue Hensley quien dejó al grupo en mitad de la gira del álbum *Conquest* (1980).

Aún con solo Mick Box como miembro original en activo, Uriah Heep lograron en 1982 publicar otro de sus grandes trabajos, *Abominog*, que los conectaba a la NWOBHM. Con el logro en su haber de ser la primera banda occidental de rock en actuar en la Unión Soviética (con varios conciertos en el Estadio Olímpico de Moscú, ante un total de 180.000 personas), los Heep se convertirían en una institución, al margen de la calidad de sus lanzamientos discográficos, de los que, entre los más recientes, caben destacar *Future Echoes of the Past* (2001) e *Into the Wild* (2011).

A pesar de su longevidad, la agenda de Uriah Heep no ha perdido fuerza en los últimos tiempos; así, en 2015, la banda ofrecería un par de decenas de conciertos en el norte y centro de Europa, y confirmaría su presencia en la cuarta edición del Rock Legends Cruise, a celebrar en 2016, junto a viejas glorias como Gregg Allman, Grand Funk Railroad, Foghat, Rik Emmett (Triumph) o John Kay & Steppenwolf.

V

Steve Vai

Pulsando las notas imposibles

Steven Siro Vai
6 de junio de 1960
Nueva York, Estados Unidos

El neoyorquino Steve Vai es uno de los más inspirados guitarristas del rock, dotado de un estilo propio y fácilmente reconocible, así como de una técnica igualada por muy pocos. Aunque fue de Joe Satriani, otro héroe de las seis cuerdas, de quien recibió algunas clases del instrumento, su talento fue rápidamente reconocido por otro genio de la música moderna, Frank Zappa, del que se ganó el respeto tras transcribir fragmentos de guitarra de algunos de sus temas más complejos, toda una proeza considerando el estilo iconoclasta del malogrado artista.

De esta manera, Vai se ganó un puesto en la banda de Zappa, hasta que a comienzos de los años 80 grabó su primer álbum en solitario, *Flex-Able* (1984), y entró en Alcatrazz, substituyendo a Yngwie J. Malmsteen), con los

que grabó el espléndido *Disturbing the Peace* (1985). Al año siguiente se uniría a la banda de David Lee Roth, coincidiendo con el brillante bajista Billy Sheehan y participando en la grabación de los álbumes *Eat' em and Smile* (1986) y *Skyscraper* (1988). Finalmente, como músico por cuenta ajena, Vai formó parte de Whitesnake, con los que grabó *Slip of the Tongue* (1989).

A partir de entonces, Vai se ha dedicado exclusivamente a su carrera en solitario, produciendo títulos imprescindibles para los amantes de las seis cuerdas, como *Passion and Warfare* (1990), *Fire Garden* (1996), *The Ultra Zone* (1999), *Real Illusions: Reflections* (2005) o *The Story of Light* (2012).

Su trayectoria ha sido reconocida con un premio Grammy, por su solo en *Sofa*, tema incluido en el disco homenaje a Zappa, *Zappa's Universe*, y otros dos más, en 2001 y 2008, por sus propias interpretaciones.

Van Halen

Decibelios perfectos

1972
Pasadena, Estados Unidos

Después de varios años actuando en locales de California, en 1978 el grupo de los hermanos Eddie y Alex Van Halen saltaron a la fama gracias a su primer disco, *Van Halen*, que contenía la piedra angular para las siguientes generaciones de guitarristas de todo el mundo, la instrumental «Eruption», un soberbio e inspriado *tour de force* de Eddie que lo convirtió, gracias a la entonces novedosa técnica del *tapping*, en un revolucionario de la guitarra a la misma altura que Jimi Hendrix.

Otro de los puntos fuertes en los comienzos de Van Halen fue David Lee Roth, uno de los más grandes *frontman* del rock de todos los tiempos, cuyo puesto al frente del cuarteto coincidió con la publicación de los mejores

trabajos discográficos del grupo: el citado *Van Halen*, *Van Halen II* (1979), *Women and Children First* (1980), *Fair Warning* (1981), *Diver Down* (1982) y *1984* (1984).

Después, la rutina y el hartazgo llevó a Roth a iniciar una carrera en solitario espectacular en sus comienzos, acompañado de Steve Vai y Billy Sheehan, al tiempo que Van Halen continuaban con Sammy Hagar como cantante. Aún sin poseer el carisma de Roth, con Hagar Van Halen publicaron algunos buenos discos, como *5150* (1986) y *OU812* (1988), resultando, aun así, una etapa mucho más brillante que la que tuvieron con Gary Cherone, antes y después en Extreme, como vocalista.

Rencores a un lado, la formación original de Van Halen, aunque sin el bueno de Michael Anthony, substituido por el hijo de Eddie, Wolfgang, publicaría en 2012 un nuevo álbum, *A Different Kind of Truth*, que satisfacía sobradamente la añoranza de los fans de la banda y cuya correspondiente gira de promoción quedaría recogida en el disco en directo *Tokyo Dome Live in Concert* (2015), grabado durante la actuación del cuarteto en la capital nipona, el 21 de junio de 2013.

W

Whitesnake

El ataque de la serpiente

1978
Middlesbrough, Gran Bretaña

Tras su paso por los legendarios Deep Purple y publicar dos álbumes en solitario, en 1978 David Coverdale encaró el gran proyecto de su carrera musical, Whitesnake, acompañado del guitarrista Micky Moody.

Manteníendose fiel al blues, Coverdale lograría conformar de inmediato una banda de hard rock de primera fila, que cuenta con dos etapas musicalmente bien diferenciadas. La primera comprende una serie de discos orientados al rock clásico, desarrollada entre 1978 y 1984, y de la que destacan títulos como *Ready an' Willing* (1980) *Saints and Sinners* (1982) o *Slide it In* (1984); la segunda comenzó en 1987, precisamente con la publicación del disco *1987*, y caracterizada por un estilo mucho más próximo al heavy metal y de enorme alcance comercial, tras la renovación total de los miembros originales de la banda, destacando la labor en la composición de John Sykes y Adrian Vanderberg, fundamentales, respectivamente, en los discos *1987* y *Slip of the Tongue* (1989).

Posteriormente, Coverdale daría otro giro de tuerca a su banda y tras permanecer en silencio discográfico una larga temporada, regresaria a comienzos del siglo XXI con una propuesta, de impecable directo, que combinaba sus dos etapas anteriores, lo que queda recogido en *Good to be Bad* (2008) y *Forevermore* (2011), para los que contó como hombre de confianza con el guitarrista Doug Aldrich.

Ya en 2015, Coverdale, que negoció infructuosamente con Ritchie Blackmore una posible reunión de Deep Purple, publicaría *The Purple Album*, en el que recuperaba quince temas en los que había participado en su composición a su paso por el mítico quinteto británico de hard rock.

Y

Y&T

Las armonías de Dave Meniketti

1972
Oakland, Estados Unidos

Esta banda al frente de la cual está el cantante, guitarrista y compositor Dave Meniketti, resultó en su momento el eslabón norteamericano que unía el rock AOR de bandas como Boston, Journey y Van Halen con la New Wave of British Heavy Metal (NWOBHM), vínculo que evidencia su álbum *Earthshaker*, publicado en 1981, punto culminante de la discografía de Y&T y ejemplo perfecto de hard rock con hábiles melodías y armonías. Afortunadamente, entre el resto de discos publicados por la banda podemos encontrar otros buenos ejemplos de hard rock clásico, como *Open Fire* (1985) o el más reciente *Facemelter* (2010), sin olvidar que Y&T cuenta con algunos títulos de directo que recogen su fuerza y aplastante profesionalidad en concierto, como *Yesterday & Today* (1990) y *Live at the Mystic* (2012). Y es que aunque ya han pasado más de tres décadas desde su formación, Y&T/Dave Meniketti continúan incendiando los escenarios por los que pasan. Así, entre los meses de julio y noviembre de 2015 la banda recorrería exhaustivamente Europa.

Z

ZZ Top

Tres hombres y una canción sureña

1969
Houston, Estados Unidos

Billy Gibbons, Dusty Hill y Frank Beard conforman uno de los tríos más pecualiares del rock, con una sólida base afincada en el rock sureño y una evolución musical que en algunas etapas los ha vinculado al hard rock *mainstream*, aunque sin perder de vista sus raíces.

La base de su propuesta musical la conforma su etapa discogràfica publicada en los años 70, con álbumes tan fundamentales como *Tres Hombres* (1973) o *Degüello* (1979), con los que ganaron una sólida reputación que les valió abrir algunos conciertos para los Rolling Stones en 1973.

Luego, con la llegada de los años 80 y la difusión de la MTV, ZZ Top se colaron en las listas de éxitos de medio mundo gracias a *Eliminator* (1983), uno de los grandes discos de aquella década, en el que combinaban sus raíces y las nuevas tecnologías, especialmente en el tema «Gimme all your lovin'», y que les llevó a participar en agosto de 1983 en el festival Monsters of Rock, compartiendo escenario con Diamond Head, Dio, Whitesnake, Twisted Sister y Meat Loaf.

Posteriormente, ZZ Top encararían varios años de omisión mediática y musical, del que saldrían en el año 2012 con la publicación del álbum *La Futura*, ensalzado por la crítica y cuya encomiable inspiración los devolvió a sus raíces musicales y que les ha llevado a mantener una actividad en directo moderada, como las dieciséis actuaciones que ofrecerían por el sur y el oeste de Estados Unidos a lo largo de los meses de agosto y septiembre de 2015.

4. Los discos

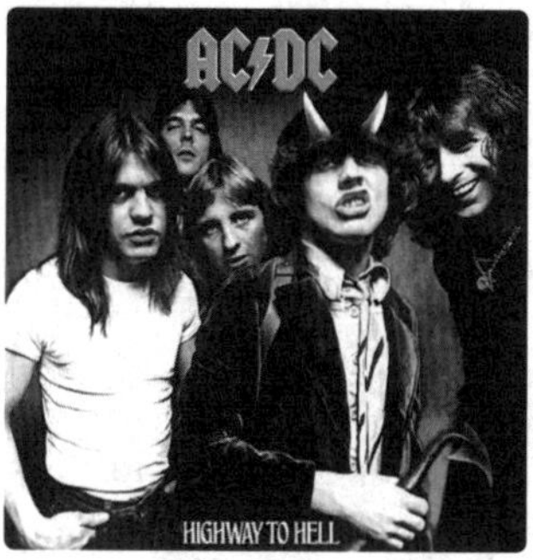

AC/DC

HIGHWAY TO HELL (1979)

Decir que *Highway to Hell*, publicado el 27 de julio de 1979 y número 17 en Estados Unidos y número 8 en Gran Bretaña, es la primera obra maestra de AC/DC es quizás decir mucho, puesto que a este título lo preceden en la discografía del quinteto australiano grabaciones tan demoledoras como *High Voltage* (1976), *Dirty Deeds Done Dirt Cheap* (1976) y *Let There Be Rock* (1977), vinilos paradigmáticos del rock'n'roll directo y electrificado.

Grabado entre diciembre de 1978 y abril de 1979, a caballo entre Australia (Albert Studios de Sydney), Estados Unidos (Criteria Studios de Miami) y Gran Bretaña (Roundhouse Studios de Londres), y situado en 2003 en el puesto número 200 de la lista de las 500 Mejores Grabaciones según la revista *Rolling Stone*, *Highway to Hell* fue el primer disco del grupo que no fue producido por Harry Vanda y George Young por expreso deseo del sello Atlantic, recayendo tal función en Robert John 'Mutt' Lange (posteriormente productor de Foreigner, Def Leppard, Bryan Adams, entre otros), una vez quedó descartado como técnico Eddie Kramer (Jimi Hendrix, Kiss, Led Zeppelin), a quien el cantante Bon Scott describió como «un fantoche que no sabe producir una mierda».

Parece ser que durante las sesiones de grabación en Florida, Kramer les propuso grabar una versión de Spencer Davis Group y añadir teclados a su sonido. Por el contrario, Lange (que un periodista musical definió como «el hechicero acústico responsable de álbumes clásicos de AC/DC o Def Leppard»), potenció los matices blues del quinteto, obligándolos a cumplir con agotadoras tandas de grabación de hasta quince horas durante tres meses. «Mutt se encargó de la cuestión comercial y nosotros de los *riffs*», declararía Malcolm Young, el segundo guitarrista de AC/DC, eterna, pero altamente efectiva, sombra de su icónico hermano Angus Young.

Del disco, del que se han vendido más de siete millones de copias tan solo en Estados Unidos, se extrajeron como singles los temas «Highway to hell» (publicado el 27 de julio de 1979), «Girls got rhythm» (6 de noviembre de 1979) y «Touch to much» (25 de enero de 1980).

Como dato anecdótico, decir que las palabras que Scott pronuncia a final del último tema del álbum, «Night prowler», *shazbot, na-un na-un*, es una expresión de la comedia de televisión norteamericana *Mork and Mindy*, protagonizada por el también desaparecido Robin Williams.

ALLMAN BROTHERS
AT FILLMORE EAST (1971)

Grabado durante las actuaciones de los días 11, 12 y 13 de mayo de 1971 ofrecidas en el Fillmore East de Nueva York, el directo *At Fillmore East*, número 13 en Estados Unidos, fue el primer disco que obtuvo el reconocimiento comercial que merecía la banda de los hermanos Duane y Gregg Allman, a los que por entonces acompañaban Dickey Betts (guitarra), Berry Oakley (bajo), Jai Johanny Johanson (batería) y Butch Trucks (batería).

El lanzamiento de este doble álbum en directo, el 6 de julio de 1971, se debió a que mientras los dos primeros trabajos del sexteto de Georgia, los soberbios *The Allman Brothers Band* (1969) y *Idlewild South* (1970), habían contado con el favor de la crítica, el público estadounidense tan solo les había respondido por lo impecable y pródigo de sus actuaciones, basadas en un repertorio sustentado en largos desarrollos improvisados. En la práctica, las ventas de sus álbumes eran tan ínfimas que el propio Duane ganaba algún dinero extra como músico de sesión. No es extraño, pues, que la revista *Rolling Stone* les considerase en aquel entonces como «la mejor banda maldita de rock and roll que ha aparecido en este país en los últimos cinco años».

De ahí que la Allman Brothers Band le recordase al promotor de conciertos Bill Graham, propietario del Fillmore West de San Francisco y del Fillmore East de Nueva York, su satisfacción por las actuaciones de 1969 y 1970 en ambos recintos como teloneros de Blood, Sweat & Tears, Buddy Guy, BB King y Grateful Dead. Y de teloneros también actuarían en las dos primeras de las tres citadas noches de mayo de 1971, abriéndolas para Johnny Winter. Según el productor de la grabación, Tom Dowd (quien acababa de producir el histórico álbum *Layla and Other Love Songs* de los Derek & the Dominos de Eric Clapton, en el que también había participado Duane), el disco responde a una fusión en la que podemos escuchar a «una banda de rock'n'roll interpretando blues en clave de jazz».

Con el paso del tiempo, *Live at Fillmore East* se ha convertido en una de las grabaciones en vivo de referencia del rock, reconocimiento que Duane Allman no podría disfrutar, al fallecer en un trágico accidente de motocicleta en Macon (Georgia), tres meses después de publicarse el disco.

BAD COMPANY

BAD COMPANY (1974)

Formado en 1973 por los antiguos miembros de Free, Paul Rodgers y Simon Kirke, y de Mick Ralphs (exMott the Hoople) y Boz Burell (exKing Crimson), fueron tantas las esperanzas depositadas en Bad Company que los seguidores del rock de inmediato se apresuraron a calificarlos de 'supergrupo'.

El cuarteto, representado por Peter Grant (manager de Led Zeppelin), no defraudaría y su álbum de debut, *Bad Company*, publicado el 26 de junio de 1974, fue un éxito internacional, alcanzando el primer puesto en las listas americanas y el número 3 en las británicas, incluyéndose en él los singles «Can't get enough» (número 5) y «Movin' on» (número 19), ambos temas compuestos por Ralphs.

Bad Company, producido por Ron Nevison (que había iniciado su carrera como ingeniero de sonido de *Quadrophenia*, de los Who), se grabaría en tan solo diez días, durante el mes de noviembre de 1973 en la Headley Grange de Hampshire (ahí también saldrían discos de Led Zeppelín, Genesis, Fleetwood Mac y Peter Frampton), utilizando el Ronnie Lane's Mobile Studio (estrenado como unidad móvil de grabación con la actuación del 13 de enero de 1973 de Eric Clapton en el Rainbow de Londres, del que saldría el directo *Eric Clapton' Rainbow Concert*), siendo mezclado en los estudios Olympic de Londres.

BLACK CROWES
THE SOUTHERN HARMONY AND MUSICAL COMPANION (1992)

La banda de los hermanos Chris y Rich Robinson irrumpió en 1990 con el espléndido *Shake Your Money Maker*, si bien no fue hasta *The Southern Harmony and Musical Companion*, también producido por George Drakoulias (productor después de The Jayhwaks, Tom Petty y Primal Scream y pupilo de Rick Rubin, propietario de Def Jam), cuando consiguieron el respeto de crítica y público y se confirmaron como descendientes predilectos de la tradición de southern blues rock. *The Southern Harmony and Musical Companion* llegó a lo más alto de las listas de éxitos estadounidenses, así como a la segunda posición de las británicas, extrayéndose de él nada menos que hasta seis singles, de los que cabe destacar «Remedy» y «Sting me», flamantes número 1, así como una inspirada versión de «Time will tell», original de Bob Marley, que encaja a la perfección en un álbum que revisita territorios ya descubiertos por Stones, Aerosmith o Lynyrd Skynyrd, pero a través del propio acento de los Robinson, que transitan ágilmente entre tiempos enérgicos y *riffs* poderosos, perfectamente aderezados por la guitarra solista de Marc Ford («Sting me», «Remedy», «Sometimes salvation»...), junto a otros más tranquilos («Thorn in my pride», «Bad luck blue eyes goodbye»), en los que predomina la voz de Chris.

BON JOVI
SLIPPERY WHEN WET (1986)

Aunque ya habían cautivado el interés del público con *Bon Jovi* (1984) y *7800 Degrees Fahrenheit* (1985), fue a la tercera tentativa cuando la banda liderada por el cantante Jon Bon Jovi y el guitarrista Richie Sambora (que firman las diez canciones de *Slippery When*

Wet con el apoyo del Rey Midas de la composición de rock comercial, Desmond Child), logró el éxito arrollador a nivel internacional.

Slippery When Wet fue un disco hábilmente producido por Bruce Fairbairn (con Bob Rock como ingeniero), del que se extrajeron nada menos que cinco singles: «You give love a bad name», «Wanted dead or alive», «Never say goodbye», «Wild in the streets» y la popular «Livin' on a prayer», considerada ésta última como la mejor canción de los años 80, según la cadena de televisión musical VH1, mientras que el Salón de la Fama del Rock situó el disco en el puesto número 44 de los 200 Álbumes Definitivos de Todos los Tiempos.

Grabado en los Little Mountain Sound de Vancouver, entre los meses de enero a julio de 1986, *Slippery When Wet* acumula cifras comerciales de vértigo: número 1 en Estados Unidos (país en cuyas listas permaneció treinta y ocho semanas en el Top 5) y más de 25 millones de copias despachadas en todo el mundo hasta la fecha.

Slippery When Wet hizo del quinteto de Nueva Jersey un fenómeno de masas, especialmente entre las adolescentes, aunque fue desairado por los más bravíos seguidores de hard rock, defensores por aquel entonces de los 'chicos malos' de Guns N' Roses, que convulsionaron el panorama musical con el magistral *Apetitte for Destruction* (1987).

BOSTON

BOSTON (1976)

Se dice rápido que el álbum de debut de Boston, de título homónimo, es el cuarto álbum más vendido de los años 70 (actualmente supera los diecisiete millones de copias vendidas tan solo en Estados Unidos).

Pero es que esta grabación responde a todas los requisitos estipulados a priori para merecer tal honor. Desde los comienzos cenicientos del *alma mater* de la formación, Tom Scholz, grabando las maquetas de las canciones del disco en el sótano de su casa, hasta las composiciones que ajustaron y definieron el denominado rock AOR que causó furor en las listas de éxitos norteamericanas durante la segunda mitad de aquella década, un buen número de compañías discográficas rechazaron distribuir el disco, grabado entre octubre de 1975 y abril de 1976 y publicado en mitad del verano de 1976. Finalmente, Epic aceptó a regañadientes, aunque después no tardaría en secarse rápidamente el sudor frío provocado por el vértigo de la incertidumbre cuando el disco llegó al número 3 en Estados Unidos, arrastrado por el éxito del single «More than a feeling», número 5 en USA.

No está mal para una grabación que se llevó a cabo mediante el engaño, puesto que Scholz hizo creer a Epic que la producción se estaba llevando a cabo en California, cuando, en realidad, se desarrollaba en su casa de Massachussets.

CHEAP TRICK
AT BUDOKAN (1978)

Aunque por regla general en las innumerables listas de los mejores discos suele hacerse exclusivamente mención a las producciones en estudio, debe reconocerse la valía de algunas en directo. *Made in Japan*, de Deep Purple, o *Strangers in the Night*, de UFO, son dos buenos ejemplos, a los que podría sumarse *At Budokan* de Cheap Trick.

Y no es que sus tres anteriores trabajos en estudio, *Cheap Trick* (1977), *In Color* (1977) y *Heaven Tonight* (1978), no merezcan elogio alguno, bien al contrario, pues en ellos el guitarrista Rick Nielsen da muestras de un dominio absoluto entre melodías y guitarras enérgicas. Pero con *At Budokan* Cheap Trick demostraron que eran, además de una banda idónea para las radio-fórmulas, una excelente banda de directo.

El claro ejemplo de ello lo tenemos en la canción extraída como single de este álbum en vivo, la cual les dio la fama internacional, «I want you to want me», incluída originalmente en *In Color*, pero interpretada en vivo con un ritmo más vigoroso por la sinergia propia de un concierto. Esta versión en directo hizo que «I want you to want me» fuese número 7 en Estados Unidos y número 1 en Japón, país en el que se había grabado el álbum, los días 28 y 30 de abril de 1978 en el Nippon Budokan.

Gracias al éxito del single, el álbum subió hasta el cuarto puesto de las listas estadounidenses, así como al Top 30 británico.

Posteriormente, en 1998 se publicaría una edición ampliada de *At Budokan*, que incluía las diecinueve canciones que el cuarteto interpretó en las dos fechas japonesas.

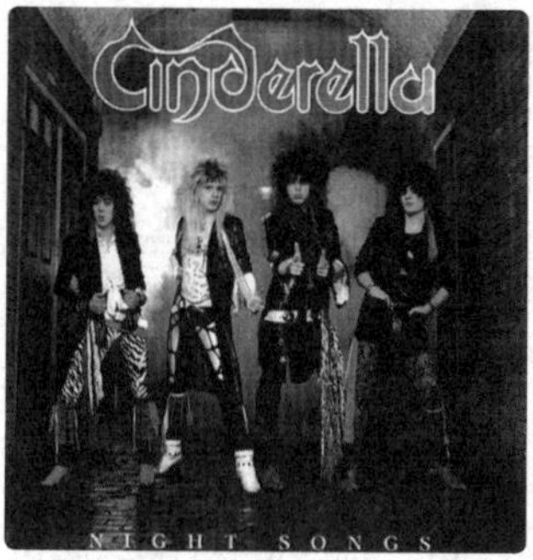

CINDERELLA
NIGHT SONGS (1986)

En el verano de 1986 el glam metal estaba en pleno auge, gracias a una revitalización de patrones ya conocidos mediante una mirada al pasado que modernizaba el punto de vista estético.

Exultante triunfador en aquel entonces gracias al multiplatino *Slippery When Wet*, Jon Bon Jovi descubrió a Cinderella en una actuación en el Empire Rock Club de Philadelphia, guiándoles a su bautismo de fuego discográfico con *Night Songs*. No obstante, sería el experimentado Andy Johns (Humble Pie, Free, Rod Stewart, Ron Wood...), el responsable de encauzar el sonido del cuarteto, innegablemente conectado al hard rock clásico. Johns repetiría en el segundo y excelso trabajo discográfico de Cinderella, *Long Cold Winter*, pero en esta primera toma de contacto ayudó a que las diez canciones de Tom Keifer resultasen lo suficientemente atractivas como para que sin perder alcurnia se colasen en los charts americanos.

Night Songs, del que hasta la fecha se llevan vendidas más de tres millones de copias en Estados Unidos, subiría hasta el tercer puesto de las listas, mientras que el single «Nobody's Fool» entró en el Top 20.

Night Songs, cuyo único defecto es su portada, con los miembros de la banda colmados de spandex y rimel, les valió a Cinderella abrir los conciertos americanos de Bon Jovi y David Lee Roth, además de los medios necesarios para que en 1988 grabasen otra de sus grandes obras, *Long Cold Winter*, de cadencias más deudoras del blues.

THE CULT
SONIC TEMPLE (1989)

Grabado entre los meses de septiembre y noviembre de 1988 en los estudios Little Mountain de Vancouver, *Sonic Temple* culminaba el acercamiento de los británicos The Cult al hard rock, camino que tan espléndidamente ya habían emprendido con su anterior *Electric*

(1987). Uno de los elementos que hizo posible que los dos discos citados sean referente del hard rock de los años 80 es, sin duda, la elección de sus productores, Rick Rubin (*Electric*) y Bob Rock (*Sonic Temple*), responsables ambos de algunas de las mejores grabaciones que ha dado el rock en los últimos treinta años. Posteriormente, Rock estaría detrás de otros de los títulos de la discografía de los Cult, como *The Cult* (1994), *Beyond Good and Evil* (2001) y el notable *Choice of Weapon* (2012).

Así que después de dos títulos orientados al goth rock como *Dreamtime* (1984) y *Love* (1985), que insinúan cierta claudicación a las modas por parte de unos primerizos Ian Astbury y Bill Duffy, The Cult adoptaron definitivamente el rock como patrón musical, consiguiendo así el respeto de una buena parte del público allende los mares.

En Estados Unidos *Sonic Temple* lograría el puesto número 10, mientras que al otro lado del Atlántico, en su natal Gran Bretaña, el disco se hizo con el número 3. El calado de la grabación lo remata el que de ella se extrajeran nada menos que cuatro brillantes singles, «Fire woman», «Sun king», «Edie (ciao baby)» y «Sweet soul sister».

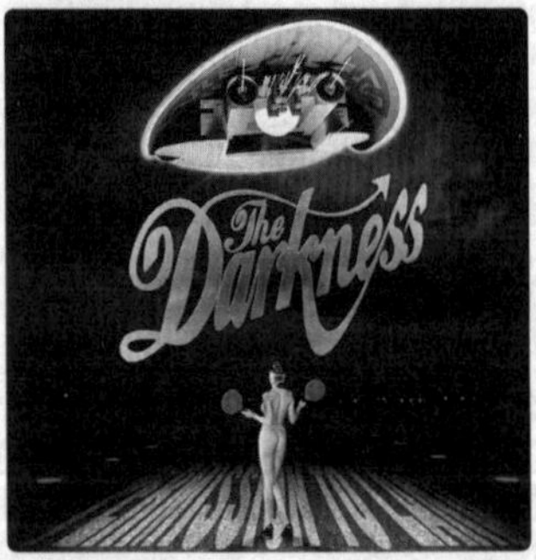

THE DARKNESS
PERMISSION TO LAND (2003)

Probablemente, The Darkness son el último ejemplo de lo que una banda con talento y algo de suerte podía conseguir justo hasta el momento en el que definitivamente la industria musical comenzó a venirse abajo. Con solo un presupuesto de 20.000 libras, toda una fortuna para este cuarteto originario de Suffolk, The Darkness grabaron uno de los mejores discos de hard rock de la primera década del siglo XXI, consiguiendo subir al número 1 en Gran Bretaña, país en el que vendieron un millón y medio de discos, y entrar en el Top 40 estadounidense.

Curtidos en un sinfín de salas de pequeño y mediano aforo, el éxito arrollador de *Permission to Land*, grabado en los modestos estudios Chapel de Lincolnshire y Paul Smith Music de Londres, bajo la producción del inaudito Pedro Ferreira, encumbró a The Darkness con tal ímpetu que la banda pasó de abrir los conciertos europeos de la gira Summer Sanitarium de Metallica a encabezar el cartel del Carling Festival de 2004, además de ser merecedores de tres premios Brit (Mejor Grupo, Mejor Grupo de Rock y Mejor Álbum) y de los elogios de la prensa especializada, que calificó a Justin Hawkins como el sucesor natural de, nada menos, Freddie Mercury.

La calidad de *Permission to Land* la avalaron en su momento los cuatro singles a los que dio lugar: «Get your hands off my woman», «Growing on me», «Love is only a feeling» y el superéxito «I believe in a thing called love», número 2 en Gran Bretaña y perfecto ejemplo de que el sonido The Darkness se remonta a lo más selecto del hard rock de la década de los años 70.

DEEP PURPLE
IN ROCK (1970)

Las sesiones de grabación para *In Rock* se iniciaron en el mes de octubre de 1969, aunque la precaria situación financiera que rodeaba a los Purple, que incluía la bancarrota de Tetragramaton Records, su distribuidora en Estados Unidos (el posterior lanzamiento en América del álbum, a través Warner, tampoco sería eficiente y este tan solo alcanzaría un insultante puesto 143), hizo que la grabación se prolongase hasta el mes de abril de 1970.

Se llevó a cabo entre los estudios IBC, bajo la producción de Andy Knight; De Lane Lea, con Martin Birch; y Abbey Road, con Philip MacDonald. A diferencia de Estados Unidos, *In Rock* sería un éxito en Europa, consiguiendo el número 1 en Alemania y Austria, mientras que en Gran Bretaña fue número 4 y se mantuvo en listas durante un año.

La prensa especializada considera *In Rock* como uno de los referentes del posterior heavy metal, destacando tanto la sección rítmica de Roger Glover e Ian Paice y la erudición instrumental de Jon Lord y Ritchie Blackmore, especialmente en la extensa composición «Flight of the rat», como en la capacidad vocal de Ian Gillan en «Child in time».

DEF LEPPARD / *HYSTERIA* (1987)

Como muchas de las bandas de éxito británicas, Def Leppard pusieron sus ojos en la conquista del mercado norteamericano y el disco que les abrió las

puertas fue *Hysteria*, cuyas sesiones de grabación, iniciadas a finales de 1984, se retrasaron tras un par de ocasiones debido a los fallidos intentos por encontrar el productor adecuado (Jim Steinman, Nigel Green) y el accidente de circulación que sufrió el batería Rick Allen. Finalmente, *Hysteria* saldría adelante y Robert 'Mutt' Lange sería el responsable de su identidad sonora tras proponerle a la banda grabar un disco repleto de potenciales hits. El resultado desorientó a los seguidores hardrockeros de los Leppard, exultantes con el anterior *Pyromania*, pero, a cambio, la producción tecnificada y la meticulosidad de los arreglos permitieron que de *Hysteria* se extrajeran nada más y nada menos que siete singles: «Women» (nº 80 en USA), «Animal» (nº 19 en USA y 6 en GB), «Hysteria» (nº 10 en USA y nº 26 en GB), «Pour some sugar on me» (nº 2 en USA y nº 18 en GB), «Love bites» (nº 1 en USA y nº 11 en GB), «Armageddon it» (nº 3 en USA y nº 20 en GB) y «Rocket» (nº12 en USA y nº 16 en GB). De ahí que, junto a *Thriller*, de Michael Jackson, y *Born in the USA*, de Bruce Springsteen, *Hysteria* haya sido el único álbum en colocar siete canciones en el Top 100 de Estados Unidos.

Considerado por la revista *Rolling Stone* como uno de los Mejores 500 Discos de Todos los Tiempos, *Hysteria*, que lleva vendidas en la actualidad más de veinte millones de copias en todo el mundo, fue, finalmente, el pasaporte de Def Leppard hacia el público norteamericano.

DOKKEN
UNDER LOCK AND KEY (1985)

Tras el espléndido *Tooth and Nail*, publicado en 1984, Dokken llegaron a la cúspide de su discografía un año después mediante *Under Lock and Key*, producido por Michael Wagener, uno de los productores de rock más activos y efectivos de los años 80, que había comenzado su carrera en su Alemania natal, supervisando las grabaciones de los metálicos Accept. *Under Lock and Key* es el epicentro musical de Dokken por varios motivos: la calidad de los diez temas que contiene, su éxito comercial (número 32 en Estados Unidos) gracias a los singles «In my dreams» y «The hunter» (ambos Top 30) y, por último, la demostración de que George Lynch era uno de los mejores y más finos guitarristas que ha dado el rock en los últimos años.

Under Lock and Key se benefició de la adopción de la estética glam metal por parte del cuarteto, cesión a la todopoderosa MTV, pero ello no oculta que el alcance del álbum se sustente en unas composiciones brillantemente arregladas, que abarcan efectivas instrumentales («Unchain the night»), baladas con estilo («Slippin away», «Will the sun rise») y cortes acerados («Lightnin strikes again», «Til the living end»), todas bañadas por la estilosa voz del gran Don Dokken.

DREAM THEATER
IMAGES & WORDS (1992)

Pasan los años y a pesar de que Dream Theater mantienen el nivel de sus producciones en lo más alto, *Images & Words* sigue siendo de lo más granado de su discografía, además de referencia inexcusable para las subsiguientes formaciones que desde todos los rincones del planeta quisieron adentrarse en el metal progresivo.

Curiosamente una de las principales composiciones del disco, «Pull me under», fue aportación del teclista Kevin Moore, quien abandonaría la banda dos años después para formar Chroma Key, y permitió que la banda entrase en las listas de éxitos gracias al apoyo de la cadena de televisión MTV..

Pero *Images & Words*, concebido inicialmente como un doble álbum, aunque finalmente publicado como sencillo a criterio de Atco Records, también posee otros momentos igual de inspirados, como los cortes «Take the time» (que incluye un sampler de «Dancin' Fool», tema de Frank Zappa) *Another day*, *Under glass moon* (cuyo solo de guitarra, a cargo del virtuoso John Petrucci, fue escogido por la revista *Guitar World* como uno de los cien mejores de la historia del rock) o «Metropolis pt. 1: the miracle and the sleeper», ésta última génesis del disco *Metropolis Pt. 2: Scenes From Memory*, que el quinteto neoyorquino publicó en 1999.

Grabado entre los meses de octubre y diciembre de 1991 en los estudios BearTrack y Hit Factory de Nueva York, *Images & Words* fue el primer disco en el que Dream Theater contaron con James LaBrie como cantante, después de que este substituyese a Charlie Dominici.

FOREIGNER
4 (1981)

Flamante número 1 en Estados Unidos, *4* es otro de los grandes álbumes del rock producido por Robert 'Mutt' Lange. De hecho, el disco contiene algunos *gimmicks* con su particular marchamo, los mismos que podrían escucharse algún tiempo después en, por ejemplo, *Pyromania*, de los británicos Def Leppard.

Dentro de la discografía de Foreigner, *4* significó un cambio de estilo respecto a sus tres anteriores trabajos, *Foreigner* (1977), *Double Vision* (1978) y *Head Games* (1979), más orientados al hard rock clásico. El nuevo rumbo se debió aún replanteamiento musical de la banda tras la marcha de Ian McDonald y Al Greenwood, lo que hizo recaer las decisiones exclusivamente en Mick Jones y Lou Gramm, quienes optaron por abrazar el rock AOR tan de boga en aquel momento. Número 1 en Estados Unidos, de *4*, grabado en los afamados estudios Electric Lady de Nueva York, se extrajeron media docena de singles, de los cuales los mejores clasificados fueron «Juke box hero» (nº 3 en USA) y «Urgent» y «Waiting for a girl like you», estos dos últimos número 1 en Estados Unidos.

FOO FIGHTERS
THE COLOUR AND THE SHAPE (1997)

Tras debutar con el espléndido *Foo Fighters* (1995), Dave Grohl conseguiría sacarse de encima la etiqueta 'el batería de Nirvana' con *The Colour And The Shape*, un disco que reúne temas de encomiable factura como «Monkey wrench», «My hero», «Walking after you» o «Everlong», casualmente los singles que de él se extrajeron. Pero más allá de la trascendencia mediática y/o comercial de los temas citados, el álbum también contiene otras joyas sonoras, como «Doll», «February Stara», «New way home» o «See you», que en su momento terminaron de convencer a aquellos que habían pronosticado que la de Grohl sería una breve carrera en solitario. Paradójicamente, hoy en día prevalece la opinión de los que ven a Foo Fighters como una de las grandes bandas norteamericanas, algo probablemente un tanto fuera de lugar.

Grabado durante los meses de noviembre 1996 y febrero de 1997 entre los estudios Bear Creek, WGNS y Grand Masters Recorders, *The Colour and the Shape* fue número 10 en Estados Unidos y número 3 en Gran Bretaña, además de conseguir una nominación al Grammy al Mejor Álbum de Rock y su inclusión en la lista *Qué Deberías Escuchar Antes de Morir* confeccionada por la revista musical *Kerrang!*

RORY GALLAGHER
CALLING CARD (1976)

Rory Gallagher fue uno de esos músicos de talento incomparable que, aún habiéndose ganado un prestigio a toda prueba, mereció hitos aún mayores. Sencillo, despreocupado, trabajador, de técnica depurada, este guitarrista irlandés nos dejó huérfanos prematuramente, 47 años, aunque al menos hoy en día podemos deleitarnos con su excelsa discografía, formada por una docena larga de títulos que conforman lo mejor que se haya podido grabar en Europa de blues rock.

Aunque hasta mediados de los años 70 había publicado buenos discos en estudio, lo mejor de la obra de Gallagher debía atribuirse a dos títulos en vivo, *Live! In Europe* (1972) e *Irish Tour* (1974), pues solo en directo se podía disfrutar la fogosidad de su ejecución. Afortunadamente, *Calling Card*, grabado en los estudios Musicland de Munich en el mes de septiembre de aquel mismo 1976, vino a corregir esta carencia que habían acusado sus anteriores discos en estudio, gracias en buena medida a que Gallagher aceptó compartir las tareas de producción con Roger Glover, bajista de Deep Purple, en las que se puso acento la labor de la sección rítmica formada por Gerry McAvoy, al bajo, y Rod de'Ath, a la batería.

Inmerecidos son los resultados comerciales que ha logrado el álbum, puesto que hasta 2005, diez años después de la muerte de Gallagher, *Calling*

Card apenas había alcanzado las 60.000 copias en Gran Bretaña. Pero las cifras no empañan una de las trayectorias musicales más sólidas e intachables de la historia del rock.

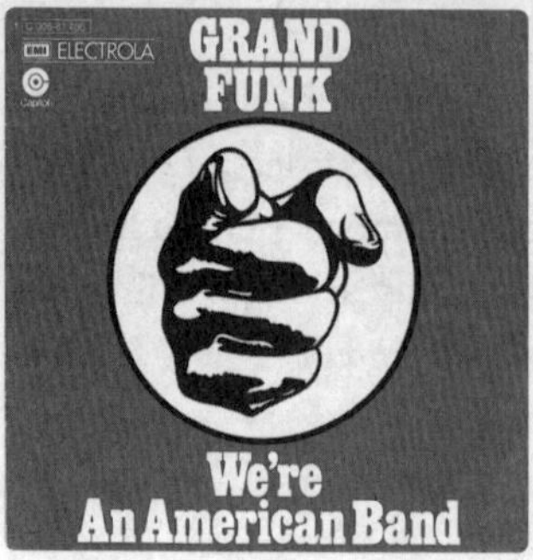

GRAND FUNK RAILROAD
WE'RE AN AMERICAN BAND (1973)

Grabado en tan solo ¡tres días!, del 12 al 15 de junio de 1973, en los estudios Criteria de Miami, bajo la producción del talentoso Todd Rundgren, *We're An American Band* es otro ejemplo de la vertiginosa velocidad con la que se desarrolló la carrera de la banda liderada por Mark Farner y Don Brewer, devotos de llevar a cabo giras interminables. *We're An American Band* fue número 2 en Estados Unidos y logró el estatus de Disco de Oro al mes de su puesta a la venta, méritos avivados por el éxito de los singles «We're an american band» y «Walk like a man». No obstante, el resto de las composiciones del disco resultan extremadamente brillantes y de gran calidad, mereciendo escucharse hasta la saciedad piezas como «Black licorice» o «The railroad».

Lo mejor es que el disco también contó con la aprobación de la crítica, respaldo que se diluiría con los siguientes trabajos de Grand Funk Railroad, que finalmente se disolverían, aunque solo durante una temporada, en 1976.

GUNS N'ROSES
APPETITE FOR DESTRUCTION (1987)

La revolución musical y generacional que supuso *Appetite for Destruction*, número 1 en Estados Unidos, convertiría con el paso del tiempo a Guns N' Roses en el eslabón que unió los fenómenos de Van Halen y Nirvana.

Con la irreverencia heredada del punk y el sonido de las grandes bandas del rock de los años 70, el quinteto, formado en Los Angeles en 1985 por Axl Rose, Flash, Izzy Stradlin, Duff McKagan y Steven Adler, grabó uno de los más grandes discos del rock, cuya sobriedad e inspiración acabaron imponiéndose, por aclamación del público y la crítica, al veto que la cadena MTV había impuesto al grupo por la controvertida portada del disco (previa modificación, no obstante, de la cubierta).

Con el gran medio de difusión de aliado, del disco se extraerían cuatro singles, «Sweet child o'mine» (número 1 en Estados Unidos), «Welcome to the jungle» (número 7), «Nightrain» y «Paradise city» (ambos número 5), que allanaron el camino para que *Appetite for Destruction*, elegido en 2001 por la revista musical británica *Q* como uno de los 50 discos más heavys de todos los tiempos, se convirtiese en el álbum de debut de mayor éxito, con un total de 28 millones de discos vendidos a día de hoy.

HANOI ROCKS
BANGKOK SHOCKS, SAIGON SHAKES, HANOI ROCKS (1981)

Grabado en los estudios Park de Estocolmo, el cantante Michael Monroe y el guitarrista Andy McCoy produjeron, bajo el alias The Muddy Twins (que imitaba la saga de sobrenombres iniciada por los Stones, Glimmer Twins, y Aerosmith, Toxic Twins), *Bangkok Shocks, Saigon Shakes, Hanoi Rocks*, colocando al quinteto finlandés en el punto de mira de la industria musical.

A Stones y New York Dolls se debe la paternidad bastarda de los diez temas escritos por McCoy (a excepción de «Walking with my angel», original de Gerry Goffin y Carole King y que popularizó Bobby Vee en los años 60), de los cuales se lanzaría como single la pieza que lo abre, «Tragedy», cuya inspiración y moderado éxito permitiría a Hanoi Rocks trasladarse meses después a Londres con la intención de usar la capital del Támesis como trampolín al asalto definitivo a Estados Unidos, el cual llevarían a término en 1983 tras fichar por el sello CBS. Lamentablemente, la particular conquista americana de la banda se vería truncada en el mes de diciembre de 1984, tras el inesperado fallecimiento de su batería, Razzle, en un accidente de circulación en el que estuvo involucrado Vinçe Neil, el cantante de Mötley Crüe. Sin embargo, tanto este disco como el posterior *Two Steps from the Move* (1984), producido por Bob Ezrin, convertirían a Hanoi Rocks en una de las bandas de culto más importantes del rock, influencia decisiva en el posterior sleazy rock.

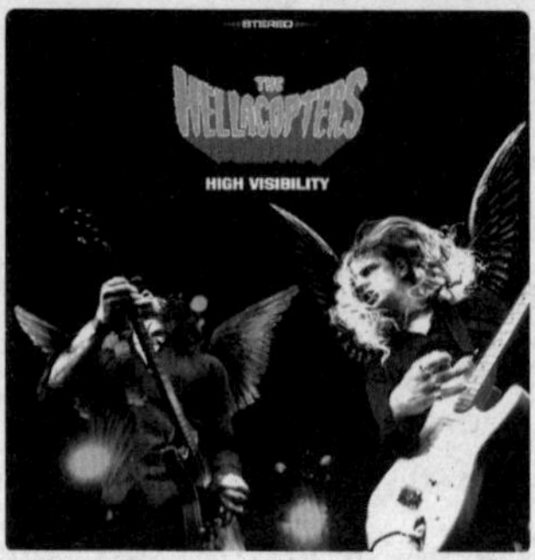

HELLACOPTERS

HIGH VISIBILITY (2000)

La que fuera banda de Nicke Andersson, lamentablemente disuelta en 2008, significó un revulsivo que proveniente de Suecia refrescó y animó el panorama musical gracias a discos cuya inspiración retomaba el hard rock clásico más enérgico de los años 70, practicado por bandas como MC5, Motörhead o AC/DC, pero que, sin embargo, no encontraron la merecida y proporcionada salida comercial. Producido por Chips Kiesbye (guitarrista y cantante de Sator) en los famosos estudios Polar de Estcolmo (famosos por ser el cuartel general de Abba), *High Visibility* despunta de entre los siete títulos en estudio de Hellacopters por las agresivas guitarras del entonces recién incorporado Robert Dahlqvist, a quien el propio Andersson definió como un cruce entre Jimi Hendrix y Ace Frehley (Kiss).

Una aclaración que se corresponde con el carácter directo y visceral de Hellacopters, 'condenados' a ser una banda de culto, como lo demuestra la circunstancia de que *High Visibility* se publicase en Europa a mediados del mes de octubre de 2000 y no llegase a Estados Unidos hasta abril de 2002; una verdadera lástima, ya que con una promoción adecuada el disco habría encajado perfectamente en el gusto del público norteamericano.

HUMBLE PIE

ROCK ON (1971)

Grabado a la antigua usanza, que entre otras cosas significa hacerlo en un breve período de tiempo (en enero de 1971 en los estudios Olympic Sound de Londres), *Rock On* fue el último disco de Humble Pie en el que participó el guitarrista Peter Frampton, poco antes de protagonizar una de las trayectorias musicales más exitosas de los años 70 en Estados Unidos. *Rock On* es el título más relevante de la banda liderada por el injustamente olvidado hoy en día Steve Marriott, quien anteriormente había sido miembro de los Small Faces, siendo además el que más se acerca al hard rock, si bien salpimentado con pizcas de folk y soul. Además, que Glyn

Johns, acostumbrado a las sesiones relámpago de Led Zeppelin, coprodujese el disco posibilitó a que las canciones, buena parte de ellas presentadas previamente en concierto, recogiesen el ímpetu de un directo.

Con piezas tan significativas como «A song for Jenny», «Strange days» y «Stone cold fever», en la grabació *Rock On* colaboraron músicos tan relevantes como Bobby Keys (saxofonista colaborador de los Rolling Stones) o Alexis Corner, considerado uno de los patriarcas del rhythm & blues británico.

JANE'S ADDICTION
NOTHING'S SHOCKING (1988)

Mientras Los Angeles se encontraba en plena ebullición por los grupos surgidos en Sunset Strip y que reivindicaban el legado de los Rolling Stones, Perry Farrell y Dave Navarro daban forma a una banda inclasificable que daría sentido a la etiqueta 'rock alternativo'.

Yendo a contracorriente, a finales del mes de agosto de 1988 el cuarteto presentaba *Nothing's Shocking*, cuyo proceso de creación estuvo basado tanto en las nuevas aportaciones musicales de cada uno de los miembros del grupo desarrolladas en jams, como en canciones recuperadas como «Jane says» (número 6 en Estados Unidos) y «Pig's in zen», incluidas en su álbum de debut, el directo *Jane's Addiction* (1987). Producido en los estudios Eldorado entre finales de 1987 y principios de 1988 por Dave Jerden, que había trabajado como ingeniero para Brian Eno, Frank Zappa y David Byrne, *Nothing's Shocking* fue nominado a los Grammy y escogido por la revista *Rolling Stone* como uno de los 500 Mejores Álbumes de Todos los Tiempos, cuando paradójicamente en su momento ni tan siquiera entró en el Top 100 estadounidense. La exuberancia de temas como «Up the beach», «Ted just admit it» o «Summertime rolls» no estaban hechos para el gusto del americano medio.

JETHRO TULL / *AQUALUNG* (1971)

En una época en la que la industria discográfica mostraba un poco más de respeto a los artistas, estos podían desarrollar su propio estilo disco a disco. De ahí que, por ejemplo, los británicos Jethro Tull alcanzasen su cenit

creativo en su cuarto álbum, *Aqualung*, considerado como uno de los primeros 'discos conceptuales', calificativo, por otra parte, desdeñado por la propia banda: «Aqualung nunca fue un álbum conceptual, solo un montón de canciones», declararía el cantante Ian Anderson en 2005. No obstante, es cierto que existe un vínculo narrativo en los textos de sus canciones sobre un trasfondo musical que combina las guitarras rock de Martin Barre y las melodías folk y que todo ello ha servido de inspiración posteriormente a bandas como Porcupine Tree (e incluso Iron Maiden, quienes versionearon el tema «Cross-eyed Mary», que en 1983 incluyeron en la cara B de su sencillo «The trooper»).

Grabado entre los meses de diciembre de 1970 y febrero de 1971 en los estudios Island de Londres, bajo la producción de Ian Anderson y de Terry Ellis (fundador del sello Chrysalis Music y productor también de *This Was* (1969) y *Stand Up* (1969) de los Tull), *Aqualung* se puso a la venta el 19 de marzo de 1971, siendo el trabajo más exitoso en términos comerciales de Jethro Tull, llegando a vender más de siete millones de copias en todo el mundo, incluidas las distribuidas en España una vez superada la censura de la dictadura franquista.

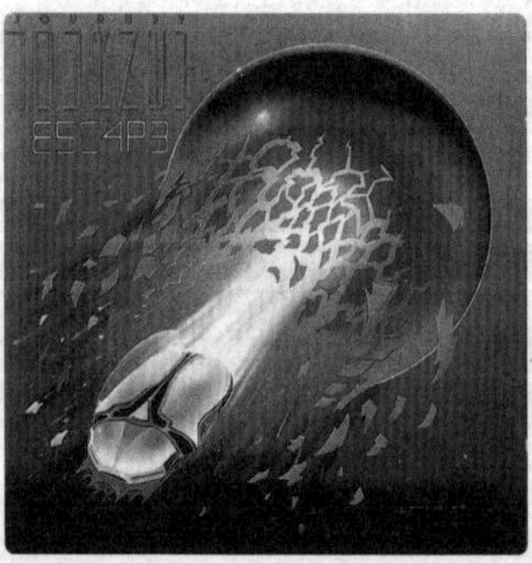

JOURNEY
ESCAPE (1981)

No se podría entender el denominado rock AOR sin citar a Journey, quintaesencia del estilo que arrasó las listas de éxitos norteamericanas entre finales de los años 70 y principios de los 80. No obstante, en el caso de Journey los matices comerciales quedaban parapetados por la elegancia y la clase de la guitarra de Neal Schon y la voz de Steve Perry. La incorporación de Perry a finales de 1977 resultó crucial para Journey y con él el quinteto comenzó a producir una serie de discos notables —*Infinity* (1978), *Evolution* (1979) y *Departure* (1980)— que alcanzaron su clímax con *Escape*, paradigma de un incomensurable tonelaje creativo y del que se extrajeron seis singles, de los cuales «Don't stop believin'» pasó a convertirse en parte de la banda sonora de una época muy concreta en la historia reciente de Estados Unidos.

Producido por Mike Stone y Kevin Elson en los estudios Fantasy de Berkely entre los meses de abril y junio de 1981, *Escape*, del que se llevan vendidas nueve millones de copias, fue, sin embargo, ninguneado por algunos medios, como el caso de la revista *Rolling Stone*, que lo puntuó con tan solo una estrella sobre cinco, ya que según su crítico Dave Marsh el grupo había abandonado sus orígenes progresivos en favor de sensiblerías pop.

KING CRIMSON
IN THE COURT OF KING CRIMSON
(1969)

A finales de los años 60 germinaba en Londres una escena *underground* progresiva nutrida por una serie de grupos que en pocos años saltarían a la palestra internacional de manera incontestable. De todos ellos, King Crimson fueron los primeros en grabar un elepé estrictamente vinculado al estilo, *In The Court of King Crimson*. Extensos desarrollos instrumentales inspirados en la improvisación, breves y gobernadas altisonancias y letras sombrías que tienen su piedra de toque en la inicial «21st Century Schizoid Man», himno oficioso decisivo en las posteriores generaciones de músicos progresivos.

A diferencia de la paternidad futura de las composiciones de King Crimson, a cargo del maestro Robert Fripp, en *In The Court of...* la autoría de las composiciones recae en Ian McDonald, un lustro después miembro de Foreigner. *In The Court...* alcanzó la quinta posición en las listas británicas y entró en el Top 30 de Estados Unidos, llegando a vender en este país medio millón de copias, cifra nada desdeñable teniendo en cuenta el tono escasamente popular de un disco de corte agudo e introspectivo.

KYUSS / *WELCOME TO SKY VALLEY* (1994)

Aunque sin el imprevisible Nick Oliveri (substituido por Scout Reeder a las cuatro cuerdas), Josh Homme, en la actualidad al frente de Queens of The

Stone Age, supo pergeñar el, probablemente, mejor disco que grabarían los californianos Kyss, *Welcome to Sky Valley*, epopéyico título que deambula por tres extensos fragmentos , producido junto a uno de los hombres claves del stoner rock, Chris Goss.

La banda de Palm Desert ya había avisado de su potencial con el anterior *Blues for the Red Sun* (1992), pero en *Welcome to Sky Valley* las composiciones son más maduras y dinámicas, en parte gracias a la aportación al bajo de Reeder, que también contribuye en el set list con «N.O.», pieza importada del cancionero de su anterior banda, Across the River.

Evocación a Black Sabbath («Supa scoopa and mighty scoop», «Odyssey»), piezas instrumentales de órdago («Asteroid») y cortes acústicos perfectos («Sky valley»), son los elementos que conforman el particular viaje de Kyuss desde el metal más afilado hasta la psicodelia espacial.

Un clásico del stoner, a pesar de las discretas tres sobre cinco estrellas con las que en su momento calificó el disco la revista *Rolling Stone*, aunque por entonces la publicación ya había perdido buena parte de su credibilidad.

LED ZEPPELIN
PHYSICAL GRAFFITI (1975)

Tras cinco discos magistrales, el 24 de febrero de 1975 Led Zeppelin presentaban su álbum más ambicioso y clímax de una incalculable discografía. *Physical Graffiti* fue resultado de dos largos años sin que el cuarteto británico hubiese concedido novedad discográfica alguna. Su anterior trabajo había sido *Houses of the Holy*, publicado el 28 de marzo de 1973, pero la tardanza quedó sobradamente compensada con este doble álbum, consecuencia del ansia por la experimentación, de lo que son buena prueba el talante progresivo de «In the Light» o el exotismo de «Kashmir», compuesta a raíz de un viaje de Page y Plant a Marruecos.

En *Physical Graffiti* también hay lugar para subscribir de nuevo pautas más manidas como el rock and roll directo de «Boogie with Stu» o el folk de «Bron-yr-aur», pero el resto del doble álbum está a un alto nivel, con temas ineludibles, como el épico «In my time of dying» o la balada «Ten years gone». La recepción que obtuvo *Physical Graffiti* fue inmejorable, siendo número 1 en Estados Unidos y Gran Bretaña y convirtiéndose en uno de los diez discos más vendidos de los años 70.

LYNYRD SKYNYRD
(PRONOUNCED 'LEH-'NÉRD 'SKIN'NÉRD) (1973)

El rotundo éxito del primer disco de esta banda mítica de rock sureño no fue casual, ya que la formación, de una u otra manera, llevaba en activo desde 1964, año en que confluyeron los caminos del cantante Ronnie Van Zant y el guitarrista Gary Rossington. Así que para cuando *(Pronounced 'leh-'nérd 'skin-'nérd)* apareció en el mes de agosto de 1973 la banda, cuyo nombre se inspira en el profesor de gimnasia Leonard Skinner, contaba con una dilatada experiencia actuando en locales del sur de Estados Unidos.

Con el apoyo y producción de Al Kooper, pieza clave del rock americano de los 60, Lynyrd Skynyrd entrarían en el Studio One de Doraville, Goeriga, para grabar la primera de sus obras imprescindibles, *(Pronounced 'l h-'nérd 'skin-'nérd)*, que cobija clásicos de su repertorio como «Tuesday's gone», así como los singles «Gimme three steps» y «Free bird», una de las grandes joyas del rock. El siguiente trabajo del septeto, *Second Helping* (1974), los convertiría en una de las bandas definitivas del rock sureño, al incluir otra de las grandes canciones de la música moderna, «Sweet home Alabama».

MARILLION
MISPLACED CHILDHOOD (1985)

Con *Misplaced Childhood* los británicos Marillion, etiquetados como banda neoprogresiva, alcanzaron la cúspide de su discografía, utilizando el elemento de 'álbum conceptual' mediante el cual desarrollaron una obra en la que los teclados predominan en lo musical y cuyos textos tratan sobre la infancia perdida, el amor y el éxito. Letras inspiradas, según confesaría el propio Fish, tanto en ciertos aspectos de su vida personal como en las percepciones inducidas por los efectos del LSD durante un 'viaje' de diez horas.

Grabado entre los meses de marzo y mayo del año 1985 en los estudios Hansa de Berlín (puestos en el mapa del negocio discográfico por David Bowie a mediados de los años 70), bajo la producción de Chris Kimsey (que había trabajado con Rolling Stones, Emerson Lake & Palmer, Yes…), *Misplaced Childhood* le valió a Marillion el número 1 de las listas de álbumes británicas, además de colocar el tema «Kayleigh» en el número 2, mientras que la revista *Classic Rock* lo calificó como el cuarto mejor álbum conceptual de la historia. Méritos que aumentan si tenemos en cuenta que *Misplaced Childhood* apareció en un momento en el que el rock progresivo era entendido como un estilo caduco. De ahí que Marillion hayan pasado a la historia como el eslabón entre el rock progresivo de los años 70 y el revival que el estilo viviría a partir de la segunda mitad de la década de los años 80.

MÖTLEY CRÜE
SHOUT AT THE DEVIL (1983)

Grabado entre los meses de abril y julio de 1983 en los estudios Cherokee de Hollywood, bajo la producción de Tom Werman (Ted Nugent, Cheap Trick, Blue Öyster Cult…), los chicos malos del glam metal consiguieron al segundo intento el trabajo más significativo de su discografía, *Shout at the Devil.* Con él captaron el interés de los fans del rock del mundo occidental y también el de algunas grupos cristianos fundamentalistas, que vieron en el título del disco una clara evidencia de su satanismo.

«Looks that kill», «Too young fall in love» o «Shout at the devil» confirmaban que Nikki Sixx era algo más que una simple y frívola estrella del rock, al pergeñar algunas de las canciones que marcaron las directrices del glam metal y que distanciaron a este del movimiento heavy metal imperante por aquel entonces.

MOUNTAIN
CLIMBING! (1970)

Tras su aparición en el histórico Festival de Woodstock (en la jornada del sábado 16 de agosto), Leslie West se encerró en los estudios Record Plant de Nueva York a finales de 1969 para dar forma a *Climbing!*, un disco capital en el que el rock, el blues y la psicodelia se muestran en deuda con el legado de Cream (Eric Clapton-Jack Bruce-Ginger Baker), aunque bajo la óptica musical americana.

El guiño a los Cream es evidente, pues West solicitó para la producción los servicios de su amigo Felix Pappalardi, productor de tres de los cuatro álbumes del trío británico —*Disraeli Gears* (1967), *Wheels of Fire* (1968) y *Goodbye* (1969)—, quién, además, no tardaría en sumarse a Mountain como bajista.

Aunque solo reivindicado por los más puristas e inquietos de los seguidores del rock, *Climbing!* contiene dos piezas indispensables, la inicial y dotada de poderosos *riffs* «Mississippi Queen», único single del disco (Top 20 en Estados Unidos), y «Theme from an imaginary western», inspiradísimo tema que confirma las últimas reticencias al vínculo con Cream, ya que Jack Bruce es su autor. Tras *Climbing!* Mountain lanzarían otros títulos, aunque de un nivel artístico inferior, lo que les abocaría a una prematura y provisional disolución en 1974.

NIRVANA
NEVERMIND (1991)

Más de dos décadas después de su publicación, *Nevermind*, que consagró a Kurt Cobain, Krist Novoselic y Dave Grohl, contínua bajo la consideración de ser uno de los pocos álbumes que ha revolucionado la historia del rock. Producido por Butch Vig, quien gracias al éxito del disco se convertiría en el productor por excelencia del grunge, *Nevermind* revolucionó a la juventud de todo el mundo, aunque su propuesta musical, centrada en la rabiosa «Smell like teen spirit», un intachable alegato de disconformidad que enarbolaría la generación X, fue devorada y asimilada por el mismo sistema que atacaba. De la noche a la mañana, no hubo nada más *cool* que adoptar la máscara de adolescencia proletariada grunge. De hecho, una década después, una muy conocida revista de moda internacional en su edición española publicaba un artículo bajo el título: «Te desvelamos las claves para imitar el estilo que triunfó en los 90's».

Nevermind fue número 1 en Estados Unidos y cuanto más desafiaba los cimientos de la industria discográfica, los de la música rock y los de cultura popular, más rápidamente Cobain iba cayendo de su pedestal de 'última gran estrella del rock'. Grabado entre mayo y junio de 1991 en los estudios Sound City, de *Nevermind* también se extrajeron como sencillos «Come as you are», «Lithium» e «In bloom», que a lo largo de 1992 sirvieron para perpetuar el frenesí y la vorágine del último gran hito del rock.

PEARL JAM
TEN (1991)

1991 fue un año glorioso para el rock, a pesar de la animadversión que suscitó la irrupción del grunge en el panorama musical. A ese año corresponde, como ya hemos visto, *Nevermind*, piedra sonora angular del movimiento, pero también *Ten*, el álbum de debut y también el mejor trabajo de Pearl Jam. Precisamente, el fervor por sus correligionarios Nirvana hizo que a *Ten* el éxito le tardase en llegar, llegando al número 2 en Estados Unidos algo más de un año después de su lanzamiento. Pero su tardío reconocimiento estaba más que justificado, pues reúne joyas como «Jeremy», «Alive», «Once» o «Even flow», robustos ejercicios en los que se cruzan el hard rock de los años 70 y la furia post-punk de los años 80, para los que Eddie Vedder escribió textos en los que evocaba la muerte, la soledad o la depresión.

Curiosamente, y a pesar de su éxito comercial, trece millones de discos (éxito que a Vedder le costó asimilar), la banda no estuvo conforme con las mezclas que de las grabaciones del álbum hizo Tim Palmer en los estudios Ridge Farm de Dorking (Gran Bretaña), lo que influyó en el rechazo del quinteto a volver a trabajar de nuevo con el productor Rick Parashar, posteriormente responsable de discos para Alice in Chains, Melissa Etheridge o Bon Jovi.

QUEEN
A NIGHT AT THE OPERA (1975)

Aunque Queen siempre contaron con el favor del público internacional, lo de la crítica fue una batalla que no acabaron de ganar hasta la pérdida prematura de Freddie Mercury. Y entonces las nuevas generaciones de seguidores del rock comenzaron a escudriñar la discografía del cuarteto, topándose con un hallazgo inédito: un cancionero cuya soberbia inspiración se daba la mano con la accesibilidad requerida por el *mainstream*. La de Queen es una discografía generosa de virtudes prácticamente en su totalidad, con tan solo un título desdeñable, *Hot Space* (1982), a las antípodas de *A Night at the Opera*, irremediablemente en deuda con «Bohemian rhapsody», pieza en el que el sonido intrínseco del grupo se embarroca con estilo y genialidad. Pero sin esta pieza, el disco se mantiene en pie sobradamente, con cortes de rock de distinto tempo («Death on two legs», «Sweet lady»), cadencias folk americanas («'39», «Good company»), revisiones vodevilescas («Lazing on a Sunday afternoon», «Seaside rendez-vous»), delicado pop («You're my best friend»), baladas 'larger than life' («Love of my life») y hasta instrumentales patrióticas en tono épico («God save the queen»).

Roy Thomas Baker era el productor indiscutible para encarar *A Night at the Opera*, puesto que conocía los gustos y las aspiraciones de Queen tras haber trabajado con ellos en sus tres primeros álbumes. Que su colaboración fue irreprochable lo confirma que posteriormente se le reclamase por bandas de sonido tan disparejo entre ellas como Journey, Yes, Foreigner, Cheap Trick, Mötley Crüe, Smashing Pumpkins o Guns N' Roses.

QUEENSRŸCHE
OPERATION: MINDCRIME (1988)

El eslabón discográfico que úne el rock progresivo de los años 70 con la posterior propuesta de los mágnificos Dream Theater fueron los dos álbumes *Operation: Mindcrime* y *Empire* de la banda estadounidense Queensrÿche, nacida en Seattle en 1981. El más destacable de ambos, el primero, es una obra que responde principalmente al talento del tándem formado por el vocalista Geoff Tate y el guitarrista Chris DeGarmo (casualmente, ninguno de los dos forman parte en la actualidad de la banda), cuyo trasfondo narrativo —presenta una conspiración para eliminar a los líderes corruptos—, resultó para las nuevas generaciones de aficionados al rock tan novedoso como exitoso, de ahí que del disco se lanzasen hasta seis videos, con los temas: «I don't believe in love», «Eyes of a stranger», «Revolution calling», «Operation: mindcrime», «Breaking the silence» y «The misión». *Operation: Mindcrime* ha tenido opciones de llevarse tanto a los escenarios de Broadway como a la gran pantalla, aunque ambas iniciativas no se han llegado a materializar por el momento.

RAINBOW

RISING (1976)

Tras debutar fuera de Deep Purple con el álbum *Ritchie Blackmore's Rainbow* (1975), el guitarrista Ritchie Blackmore prescindió de los servicios del bajista Craig Gruber, el batería Gary Driscoll y el teclista Mickey Lee Soule, substituyéndolos, respectivamente, por Jimmy Bain, Cozy Powell y Tony Carey. No dudó, ¡cómo hacerlo!, en mantener en el puesto de cantante a Ronnie James Dio, quien aún le acompañaría hasta 1979.

Con todos ellos, Blackmore se trasladó de nuevo, en el mes de febrero de 1976, hasta los estudios Musicland de Munich, contando por segunda vez con su viejo camarada, desde los inicios de Deep Purple, Martin Birch, en la producción.

Algunos consideran *Rising*, grabado en menos de un mes, como uno de los mejores ejemplos del denominado heavy metal neoclásico, debido principalmente al tono épico de sus letras y a los *riffs* con los que Blackmore y Dio confeccionaron algunos de los mejores temas del hard rock, como «Tarot woman», «Starstruck» o «Stargazer», cuya valía hizo que en 1981 los lectores de la revista *Kerrang!* eligiesen *Rising* como el mejor álbum de heavy metal de todos los tiempos.

RED HOT CHILI PEPPERS

BLOOD SUGAR SEX MAGIK (1991)

El mismo mes en el que se publicaba *Nevermind* de Nirvana, el disco que revolucionó el panorama musical internacional durante los siguientes tres años, el cuarteto Red Hot Chili Peppers lanzaban su quinto álbum, *Blood Sugar Sex Magik*, uno de los primeros y mejores exponentes de la etiqueta rock alternativo, aunque lo de 'alternativo' no fuese más que otro de los muchos adjetivos empleados por la industria para vender discos y definir un territorio contemporáneo al del grunge. De hecho, *Blood Sugar Sex Magik* lleva vendidas más de trece millones de copias en todo el mundo (siete millones tan solo en Estados Unidos).

Frivolidades comerciales aparte, se trata de un disco soberbio, impecablemente producido y guiado por un inspirado Rick Rubin, con Brendan O'Brien como ingeniero de sonido, que llevó a los RHCP a la cima de su carrera. Rubin acentuó el bajo inquieto de Flea y domó la hasta entonces excesivamente presente guitarra de Frusciante, además de opinar sobre el contenido de las letras escritas por Anthony Kiedis, quien para el disco reunió numerosas connotaciones sexuales («Suck my kiss», «Sir psycho sexy», «Give it away» o la propia «Blood sugar sex magik»), aunque también las hubo relacionadas a su adicción a los estupefacientes («Under the bridge») o a sus relaciones sentimentales («Breaking the girl»).

Número 3 en Estados Unidos, de *Blood Sugar Sex Magik* se extrajeron cuatro singles que entraron en el Top 20, siendo especialmente exitosos «Give it away», número 1, y «Under the bridge», número 2.

RUSH

2112 (1976)

Aunque el rock progresivo tenía su campo de cultivo en Gran Bretaña, desde Canadá el trío Rush decidieron sumarse a esta corriente musical tras unos inicios discográficos centrados en una refrescante revisión al cancionero de Led Zeppelin, de lo que buen ejemplo es su álbum de debut *Rush* (1974). No obstante, disco a disco y concierto a concierto la banda redefiniría rápidamente su estilo, aunque para ello tuviesen que pagar las consecuencias de verse en el brete de casi ser despedidos de su compañía discográfica tras el fracaso comercial y de crítica de *Caress of Steel* (1975).

Atlantic Records les apremiaba para publicar un disco que obtuviese buenas ventas y en cambio ellos se descolgaron con uno en cuya cara A contenía una pieza de veinte minutos. Y no solo eso, la apuesta de Rush era la de abrazar definitivamente los desarrollos progresivos con los que presentar unos textos orientados a la ciencia ficción. En la práctica eso se tradujo en una emulsión sonora entre los *riffs* de Black Sabbath y Led Zeppelin y la complejidad de bandas progresivas como Genesis y Yes, y en los textos escritos por el batería Neil Peart, quien se inspiró en la novela corta *Anthem*, de la escritora de origen ruso Ayn Rand, que narra las vivencias de un joven en una sociedad alineada, en referencia a la totalitaria Unión Soviética de los años 1930. Peart desarrolló una historia situada en el año 2112, en un tiempo en el que una diezmada raza humana se ve dominada por el sistema alienígena que responde al nombre de Red Star of the Solar Federation que anula el pensamiento individual de los terrícolas. Una historia que parece propia de Isaac Asimov y que sirve de excusa para presentar un clásico absoluto del rock progresivo.

Grabado en el mes de febrero de 1976 en los estudios Toronto Sound de Toronto y producido por el grupo y su colaborador habitual Terry Brown, *2112* fue Top 100 en Estados Unidos, país en el que lleva vendidas más de tres millones de copias, y de él se extrajeron los sencillos «The twilight zone», «2112: overture/The temples of Syrinx» y «A passage to Bangkok».

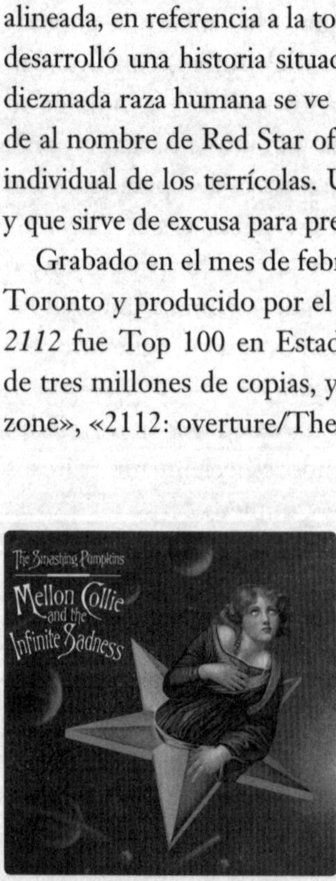

SMASHING PUMPKINS

MELLON COLLIE AND THE INFINITE SADNESS (1995)

Aunque *Siamese Dream* (1993) ya había sido una ejemplar muestra del talento inclasificable de Billy Corgan, la prodigalidad y la inspiración reunida en *Mellon Collie…*, número 1 en Estados Unidos, hace de este disco la pieza central de la discografía de Smashing Pumpkins. Grabado en distintos estudios de Chicago y en los Village Recorder de Los Angeles entre los meses de marzo y agosto de 1995, bajo la producción de Alan Moulder (que ya había colaborado con la banda en *Siamese Dream*), Flood (Depeche Mode, U2 y Nine Inch Nails) y el propio Corgan, quien llegó a comparar este disco con *The Wall* de Pink Floyd.

Y es que la megalomanía marca el disco, dividido en dos partes, *Dawn to Dusk* y *Twilight to Starlight*, por las que se reparten veintiocho canciones, treinta en la versión doble vinilo, que musicalmente se suceden entre ritmos melancólicos, como «Thrity-three», y rabiosos, como «X.Y.U.», hasta llegar a las dos horas de una audición que eleva a Corgan a los niveles de los mejores autores rock de los años 90.

Mellon Collie... fue un éxito respaldado mediante seis singles («Bullet with butterfly wings», «1979», «Tonight tonight», «Zero», «Puzzle» y «Thirty-three»), siete nominaciones a los Grammy y diez millones de copias vendidas tan solo en Estados Unidos.

Después llegaría el declive mediante episodios como la expulsión temporal de Jimmy Chamberlain por problemas con las drogas, la instrospección de Adore, la marcha de D'arcy (reemplazada por Melissa Auf der Maur) y el colofón de una primera etapa con *Machina*.

SOUNDGARDEN
BADMOTORFINGER (1991)

Aunque con anterioridad ya habían publicado dos álbumes *Ultramega OK* (1988), nominado al Grammy a la Mejor Interpretación de Hard Rock, y *Louder Than Love* (1989), considerado en 2001 por la revista *Q* como uno de los cincuenta álbumes más heavys de la historia, sería con su tercer trabajo, *Badmotorfinger*, cuando Soundgarden consiguieron plasmar todo su imaginario en un título que reúne doce cortes que escuchados hoy en día resultan fidedigno y ejemplar testimonio de lo que fue y significó la escena de rock alternativo durante los años 90.

Esta grabación también mereció los elogios de la prensa especializada (la revista *Guitar World* lo seleccionó como uno de los cien mejores discos de rock de todos los tiempos), así como los de la propia industria discográfica (que lo nominó para el Grammy de Mejor Interpretación de Metal), mientras que el interés del público lo situó en el Top 40 tanto de Estados

Unidos como de Gran Bretaña, suerte pareja a la de los cuatro singles que de él se extrajeron, «Room a thousand years Wide», «Jesus Christ pose», «Outshined» y «Rusty cage». El alcance comercial no fue del todo inesperado, puesto que el cantante Chris Cornell reconocería que el grupo había buscado abrirse a un público más amplio, a lo que contribuyó la llegada del bajista Ben Shepherd, quien aportó al disco «frescura y creatividad», según el propio Cornell.

Grabado en los estudios D y A&M de California y Bear Creek de Woodinville (Washington) durante los meses de marzo y abril de 1991 bajo la producción de Terry Date (Dream Theater, Overkill, Mother Love Bone, Pantera...), *Badmotorfinger* fue otra de las grabaciones que convirtieron a 1991 en el año de ruptura con las tendencias que hasta entonces dominaban el rock.

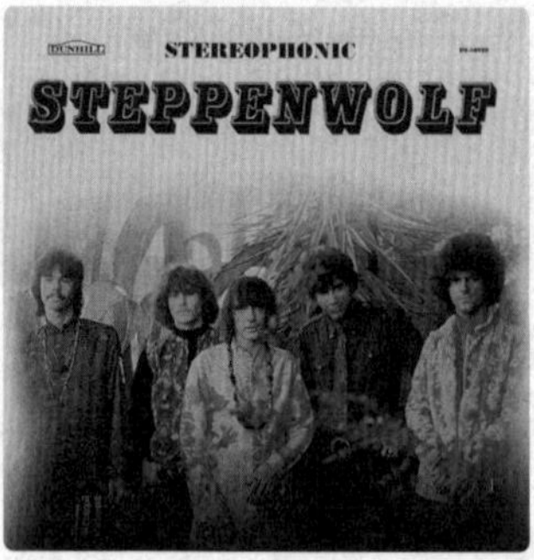

STEPPENWOLF
STEPPENWOLF (1968)

Con su primer álbum en estudio, la banda canadiense, aunque establecida en San Francisco, y liderada por el cantante y guitarrista John Kay, consiguieron su hueco en la historia del rock gracias a la canción «Born to be wild», original de Mars Bonfire, colaborador habitual de Steppenwolf, quien inicialmente pensó en el tema como una balada, patrón que se cambió a instancias del productor del disco, Gabriel Mekler, que convenció a Steppenwolf para endurecer el sonido de sus canciones, hasta el punto de que más tarde se convertirían en referente del hard rock e incluso del heavy metal (en la misma «Born to be wild» Kay canta: «I like smoke and lightnin', heavy metal thunder»).

Curiosamente, las expectativas depositadas en «Born to be wild» fueron más bien escasas, pues la canción fue rechazada previamente por otras bandas y una vez aceptada por Kay solo vería la luz como tercer single extraído del disco de debut de la banda.

Steppenwolf, el disco, contiene otros cortes destacables, como «The pusher» (que al igual que «Born to be wild» se incluiría en la banda sonora del clásico de la gran pantalla *Easy Rider*), «A girl I know» y «Sookie sookie» o la versión «Hoochie coochie man», de Willie Dixon.

Producido en el otoño de 1967 en los estudios American Recording Company de Studio City (Los Angeles), *Steppenwolf* alcanzaría el puesto número 6 en Estados Unidos.

THIN LIZZY
JAILBREAK (1976)

Tras cinco álbumes en estudio que les valieron ganarse el prestigio en Gran Bretaña, en 1976 *Jailbreak* abrió las puertas del mercado estadounidense a Thin Lizzy, la banda irlandesa liderada por el malogrado Phil Lynott.

Curiosamente, la canción más representativa del álbum y de la discografía del grupo, «The boys are back in town», estuvo a punto de no publicarse como primer single, siendo la elegida inicialmente «Running back»; afortunadamente, el 17 de abril sería «The boys are back in town» la que formaría parte de la cara A del primer sencillo, con «Emerald» en la cara B, llevando al cuarteto al Top 10 británico.

La canción, versioneada por artistas tan diversos como Bon Jovi, Wilco, Cardigans, Belle & Sebastian o los metalcore Atreyu, es una buena muestra de lo que se ofrece en el resto de *Jailbreak*: melodías inteligentes a cargo de Lynott y el espléndido trabajo en las guitarras de Scott Gorham y Brian Robertson, que incluye magistrales lecciones de 'twin guitar'.

UFO
STRANGERS IN THE NIGHT (1979)

Grabado durante los conciertos del tramo americano, celebrados entre los meses de junio a octubre de 1978, de la gira del álbum *Obssession* (parte de ella como teloneros de Blüe Oÿster Cult), *Strangers in the Night* está considerado como una de las mejores grabaciones de rock en vivo de todos los tiempos y capítulo álgido, aunque también crepuscular, de la discografía de los británicos UFO. Bueno, británicos en un ochenta por ciento, porque en aquel entonces, precisamente justo hasta la gira de la que se extraería este disco (Schenker abandonó la formación, siendo substituido de urgencia por Paul Chapman, quien tocó en los cinco conciertos del mes de diciembre), contaban con los impagables servicios del alemán Michael Schenker, en nómina desde 1974, responsable de la magia y calidad que contienen los mejores e indispensables discos de UFO durante el período 1974-1978 (*Phenomenon*, *Force It*, *No Heavy Petting*, *Lights Out* y el citado *Obssession*). Su capital relevancia en la banda se constata en la circunstancia de que de los trece temas que reúne *Strangers in the Night*, el guitarrista teutón participa en la composición de once de ellos.

A pesar de verse hoy en día tan solo reivindicado por los seguidores eruditos del rock, en su momento *Strangers in the Night* contó con el beneplácito del público, que lo aupó hasta el puesto número 7 de las listas británicas y 42 de las estadounidenses.

URIAH HEEP

DEMONS AND WIZARDS (1972)

Otra de las bandas clásicas que en la actualidad pasan más desapercibidas de lo que merecen son Uriah Heep, supervivientes a las modas, las décadas y los cambios de formación, cuestión ésta última que hace que el guitarrista Mick Box sea el único miembro original al frente del grupo. Uriah Heep no fueron una banda revolucionaria, pero sí dotada en algunos momentos de su discografía de una identidad atractiva que bien merece un sumo respeto.

Demons and Wizards pertenece a su período en el que el rock fantaseaba con mundos fantásticos representados mediante un lirismo musical y una prosopopeya en cuanto a letras ya extinguidos, algo que ya se intuye en la misma portada del disco, a cargo del dibujante Roger Dean, habitual colaborador de Yes.

En la primera mitad de los años 70 Uriah Heep contó con su alineación galáctica, David Byron, Mick Box, Ken Hensley y Lee Kerslake, que compusieron uno de los mejores ejemplos de hard rock progresivo, que, además, incluía el single de éxito «Easy livin'», Top 40 en Estados Unidos. No obstante, *Demons and Wizards*, número 23 en estados Unidos y del que se llevan vendidas más de tres millones de copias, atesora otras joyas musicales como

«Traveller in time», «Poet's justice», «Circle of hands» o el también single «The wizard».

VAN HALEN
1984 (1983)

1984 significó tanto el punto más álgido de la primera etapa de Van Halen, la que protagonizó la banda con el inigualable David Lee Roth al frente, como, precisamente, el colofón que dio fin a la etapa dorada del cuarteto, la que en términos discográficos comprende de 1978 a 1984. Seis años, a los que corresponden otros tantos álbumes, durante los cuales Van Halen reavivaron la escena musical angelina y se convirtieron en la banda perfecta de rock en Estados Unidos, además de la mejor pagada tras su intervención en el US Festival el 29 de mayo de 1983.

Publicado el 31 de diciembre de 1983, el disco, del que se llevan vendidas más de doce millones de copias solo en Estados Unidos, se grabó en el flamante estudio de Eddie (bautizado como *5150*, nombre que también recibiría el siguiente disco de la banda, con Sammy Hagar como vocalista), construido tras las ciertas diferencias musicales surgidas durante la grabación del anterior *Diver Down* (1982) entre él y Roth y el productor habitual de Van Halen, Ted Templeman, *1984* alcanzaría el número 2 en la lista de éxitos de la revista *Billboard* (posición en la que permanecería cinco semanas consecutivas), tan solo frenado por el arrollador éxito de *Thriller* de Michael Jackson. La clave del éxito del disco es su acercamiento al *mainstream* mediante el tratamiento de las melodías y la inclusión del sintetizador, incorporación ésta última fundamental en el corte instrumental *1984* que introduce «Jump», clásico de la banda que el apoyo de la MTV catapultaría hasta el número 1 en Estados Unidos.

WHITESNAKE / *SAINTS & SINNERS* (1982)

Aunque a finales de los años 80 parecieron surgir de la nada para la generación de seguidores del rock norteamericanos, en 1987 Whitesnake llevaban

muchos años actuando por medio mundo y publicando discos de refinado hard rock blues. Así que los más curiosos de aquellos jóvenes oyentes que disfrutaron con «Crying in the rain» y «Here I go again» descubrieron que ambos temas, incluidos en el álbum *1987*, pertenecían en realidad al álbum *Saint & Sinners*, considerado por lo habitual como el mejor título de la etapa discográfica 'británica' de la banda de David Coverdale. El disco repite el esquema de patrones de los anteriores trabajos del sexteto, pero en esta ocasión la calidad de los temas y el personal que coincidió en su grabación (a los habituales Micky Moody y Bernie Marsden a las guitarras y Neil Murria al bajo hay que añadir a los excelsos Jon Lord y Ian Paice de Deep Purple a los teclados y batería) hacían difícil que la producción resultante no fuese un éxito en toda regla. Lamentablemente, tras años de convivencia en la carretera y cuestiones financieras de por medio hicieron que en los siguientes meses paulatinamente cada uno de los músicos tomase rumbos distintos.

Producido por Martin Birch, *Saints & Sinners* fue número 9 en Gran Bretaña (en Estados Unidos no tuvo repercusión), del disco se extrajeron tres singles («Here I go again», «Victim of love» y «Bloody luxury») y tuvo una gira internacional de cincuenta y cinco conciertos ofrecidos en Europa y Japón. Dos años después, tras publicar *Slide It In* (1984), Coverdale se abalanzaría al mercado norteamericano de la mano de John Kalodner y Whitesnake triunfarían como una de las bandas punteras del denominado hair metal. El blues y los músicos de la vieja escuela dejarían paso al metal pop y a finos y habilidosos mercenarios.

WISHBONE ASH
ARGUS (1972)

La desaparecida y prestigiosa revista británica musical *Sounds*, que durante casi veinte años estuvo al corriente del rock progresivo y del heavy metal producido en Gran Bretaña, escogió *Argus* como el mejor disco de 1972. No es de extrañar, porque precisamente el disco bebe de las fuentes del progresivo, del folk y del hard rock y contiene las primeras lecciones magistrales de los solos de guitarra ejecutados en 'twin-guitar', algo que también practicarían después Thin Lizzy, Judas Priest o Iron Maiden. Además, para acabar de conectarlo a los sonidos más duros del rock del momento, como ingeniero de sonido contó con Martin Birch (Deep Purple, Rainbow, Whitesnake, Black Sabbath...), al cual ya hemos citado a lo largo de este libro en varias ocasiones.

Así que con todos estos elementos, sumados a la inspiración de Steve Upton y Martin y Andy Powell y Ted Turner (estos dos últimos reconocidos como de los más inspirados guitarras del rock por revistas como *Rolling Stone* o *Melody Maker*), hacen de obligatoria audición este disco, producido por el habitual colaborador de la banda Derek Lawrence, en el mes de enero de 1972 en los históricos estudios De Lane Lea de Londres, por los que han pasado artistas como Queen, Rolling Stones, los Who, Jimi Hendrix, Pink Floyd o Deep Purple.

WOLFMOTHER

WOLFMOTHER (2005)

Se repite hasta la saciedad aquello de que el 'rock ha muerto', cuando, en realidad, lo que sucede es que, al margen de los propios límites del género, más volubles de lo que algunos suponen, la propia industria se ha encargado de anular la creatividad de muchos artistas emergentes. Afortunadamente, los australianos Wolfmother, liderados por Andrew Stockdale, pueden contarse entre los pocos ejemplos de banda cuyo talento ha servido para insuflar un soplo de aire fresco al panorama musical internacional desde su primer disco homónimo, que tuvo una espléndida acogida, especialmente en Gran Bretaña, Estados Unidos y Canadá, y del que llegaron a extraerse hasta seis singles («Mind's eye», «White unicorn», «Dimension», «Woman», «Love train» y «Joker & the Thies»).

Producido por Dave Sardy (Marilyn Manson, Monster Magnet, Oasis, Rage Against the Machine, Red Hot Chili Peppers...) en los estudios Sound City de Los Angeles en el verano de 2005, *Wolfmother* recuerda por su sonido a los clásicos de los años 70 como Blue Cheer o Black Sabbath, obteniendo el reconocimiento de revistas musicales como *Rolling Stone*, *Q* o *Total Guitar*.

ZZ TOP

FANDANGO! (1975)

Curiosamente, *Fandango!*, todo un ejemplo de blues rock sureño, fue distribuido por el sello británico London Records, circunstancia que no impidió la grabación con la adecuada comercialización al otro lado del Atlántico, consiguiendo entrar en el Top estadounidense. *Fandango!* es un experimento curioso, puesto que en su edición en vinilo reúne en su cara A tomas en directo y en su cara B en estudio. El resultado es espléndido, al demostrar tanto el potencial del trío en vivo, como su habilidad como compositores.

Lo primero queda ejemplificado en el popurri titulado «Backdoor medley», efervescente corte que como el resto de la cara A se registró durante una actuación de ZZ Top en The Warehouse de Nueva Orleans, mientras que «Tush» da buena cuenta de la meticulosidad e inspiración testimoniada por su paso por el estudio, Top 20 en estados Unidos y clásico del repertorio de los de Houston.

Grabado entre diciembre de 1974 y marzo de 1975, *Fandango!* incluye varias versiones: «Thunderbird», que abre el disco y que es original de Nightcaps, una banda de los años 50; «Jailhouse rock», interpretada por Elvis Presley y escrita por el tándem Jerry Leiber y Mike Stoller; «Mellow down easy», de Willie Dixon, y «Long distance boggie», de John Lee Hooker; un premeditado repaso a algunas de las influencias de ZZ Top, que muestran que sus orígenes musicales se remontan al blues y al rock'n'roll más clásicos.

5. La cultura

Con vínculos que se entrelazan a finales de los años 60, así como los del resto de estilos que los hermanan (sleazy, glam metal, rock/metal alternativo, grunge, rock/metal progresivo...), el hard y el heavy rock han compartido y comparten señas de identidad, características particulares que solo se diferencian en aquellos aspectos que ciertos subestilos del heavy metal se han encargado de llevar hasta el extremo.

Hard y heavy rock comparten ciertas similitudes en cuanto a la estética, a hábitos cotidianos y a la acepción de ser una forma de percibir la vida, tal y como se expone a continuación.

La estética

El fan del hard rock imita el concepto estético de los artistas del estilo, optando por una vestimenta en la que el uso del cuero, principalmente mediante la popular cazadora, se combina con pantalones tejanos, zapatillas deportivas y camisetas con iconografía y representaciones relacionadas con los grupos a los que sigue.

Por lo que respecta al uso del cuero, Judas Priest fueron, a mediados de los años 70, los máximos impulsores del lucimiento de prendas y demás ornamentación confeccionadas con este material textil. Y lo fueron, y siguen siendo, tras una visita fortuita de su cantante, Rob Halford, a Mr. S Leather, una tienda de ropa fetichista ubicada en el londinense barrio de Soho. Ocasionalmente, un sector minoritario de seguidores del hard rock, influidos por la estética del glam metal de los años 80, utilizaron delineadores de ojos y lápiz de labios.

Pero la característica estética tradicional más apreciable del hard rock es el pelo largo, popularizado a finales de los años 60 por la cultura hippie, si bien en los últimos tiempos no es un símbolo irrefutable, ya que existe la corriente del rapado al cero. Que cada vez menos prevalece una estética determinada a la hora de integrarse en el colectivo hard rockero; lo conmina el hecho de que en la actualidad buena parte de sus seguidores son adultos que han padecido las vicisitudes de como la imagen personal dificulta el acceso al mercado laboral y el trato social con aquellos que no comparten el mismo gusto musical.

Más allá de los estereotipos

El hard rock se ha hecho partícipe de los preceptos ideológicos más sólidos del rock, como la dialéctica inconformista, cargada de cierto sentimiento quijotesco de rebelión, y el rechazo a la moral religiosa. Probablemente, una de las respuestas más populares a estas adversidades se encuentra en el gesto que más se idenfica con el inconformismo y el rechazo a la moralidad religiosa: la 'mano cornuta', también conocido como 'maloik', símbolo utilizado por primera vez por la banda de rock norteamericana Coven, aunque popularizado por el cantante Ronnie James Dio, quien aludía el gesto del que su abuela se valía para contrarrestar el mal de ojo ('malocchio') y ahuyentar los malos espíritus (según la superstición tradicional del sur de Italia).

Por otro lado, el hard rock ha evidenciado cierto grado de agresividad, aunque, todo hay que decirlo, sin la existencia de una apología de la violencia en sí misma. De hecho, el hard rock, aún siendo un fenómeno de masas, en raras ocasiones ha conllevado situaciones violentas, a pesar de que los incidentes en los que se ha visto envuelto se hayan convertido en recurso asiduo de los medios de comunicación.

Casos como el juicio celebrado en 1990 en Estados Unidos con el que se pretendió probar la influencia de la música de Judas Priest, en concreto la canción «Better by you, better than me», del álbum *Stained Class* (1978), en los suicidios de dos adolescentes, Ray Belknap y James Vance, o incidentes mortales como el sucedido en España a comienzos de los años 80 durante la gira de Scorpions *Love At The First Sting Tour 1984-1986*, cuando en el transcurso de la actuación celebrada en la capital de España resultó muerto, por heridas de arma blanca, Miguel Ángel Rojas del Castillo, de 20 años.

A pesar de la mala prensa, el hard rock ha tenido una respuesta con la que resarcir sus capítulos más negros. Precisamente, a raíz del lamentable suceso durante el concierto de Scorpions, el malogrado Pedro Bruque (bajista de

Tigres de Metal y de su banda, Bruque), compuso un tema *ad hoc*, *El heavy no es violencia*, y fundó el Colectivo Heavy, COHE, con el objetivo de dar prestigio a los seguidores del estilo.

A nivel internacional, recordar la iniciativa que se llevó a cabo en 1986 en respuesta al mega-concierto Live Aid que Bob Geldof organizó en el estadio londinense de Wembley y a la canción *We are the world*, grabada por las figuras más representativas de la música pop norteamericana a favor de los países africanos azotados por el hambre. Nos referimos a la reunión de algunos de los músicos más relevantes del rock duro para grabar *Stars*, una pieza compuesta por Jimmy Bain, Vivian Campbell y Ronnie James Dio y proyecto que contó con el talento de miembros de Quiet Riot, Iron Maiden, Mötley Crüe, Queensrÿche, Vanilla Fudge, Giuffria, Twisted Sister, Blue Öyster Cult, Dokken, Night Ranger, Judas Priest, WASP, Journey, Rough Cutt, Y&T y los de la banda ficticia Spinal Tap.

Una forma de vida

El seguidor del rock duro ha ido evolucionando a lo largo de la historia. Así, en sus primeros años, su perfil solía ser el de un adolescente de la clase trabajadora, con un nivel bajo de estudios. Un estereotipo que se vio corroborado por alarmantes y poco fundamentadas tesis sociológicas divulgadas a raíz de la apareción de la New Wave of British Heavy Metal y que resolvían que un segmento de estudiantes de bajo rendimiento escolar eran más propensos a escuchar hard rock y heavy metal que los que presentaban unas calificaciones más altas.

Por contra, un estudio presentado durante el congreso de 2006 de la Asociación de Ciencia Psicológica, celebrado en Nueva York, aseguraba que aquellos individuos que preferían la música alternativa, el rock o el heavy metal eran especialmente brillantes en cuanto capacidad de abstracción. Los autores de este trabajo plantearon la posibilidad de que ello podría ser consecuencia del mayor número de metáforas y del lenguaje abstracto que se prodigan en las canciones de los citados estilos musicales. Además, según ese mismo estudio, escuchar este tipo de música se asocia con ciertos rasgos de personalidad como la predisposición tanto a las nuevas experiencias como al riesgo o a la actividad física, descartando de paso su relación con la inestabilidad emocional a la que se suelen referir los estereotipos asociados a la música rock.

En sus principios, una de las percepciones que parecía exponer el rock duro o hard rock era la de estar vinculado al machismo, algo que, en realidad, no era más que continuación de un hábito preestablecido en la música popular. Al igual que en ésta, el machismo en el hard rock ha ido disminuyendo en los últimos años al mismo tiempo que lo ha hecho en la sociedad. Es cierto, sin embargo, que en sus comienzos los elementos de subcultura inherentes al género incluían una 'hipermasculinidad' ligada a cierto grado de misoginia, ensalzando a la 'mujer-objeto' y relegando a las 'mujeres-reales' al papel de meras fans. Tampoco ha ayudado a la equiparación entre sexos expresiones físicas como el *pogo* o el *moshing*, prácticas que por su violencia suelen ejecutar los hombres.

En cuanto a su particularidad como colectivo, el hard rock ha evolucionado hacia parámetros más flexibles, en lo que ha influido la propia progresión musical de los últimos años, que ha comportado que el hard rock se haya convertido en uno de los géneros más abiertos tras asumir fusiones con otros estilos.

6. Hard rock latino

A resultas de la evolución del rock en Europa y Estados Unidos desde los años 70, el hard rock se difundió por Latinoamérica, aunque, a diferencia del anglosajón, las bandas surgidas en esta zona del mundo nunca han traspasado las fronteras autóctonas, salvo en muy meritorias excepciones.

Cómo es lógico, y por el más fácil acceso a los medios de comunicación, en Latinoamérica el heavy metal se implantó en los países más desarrollados, como Argentina, Brasil o México, mientras que en el resto de naciones el género se ha visto confinado desde siempre a ser un movimiento *underground*.

Ha exisitido, por el vínculo idiomático e histórico, cierta simbiosis entre España y Latinoamérica, como lo demuestra la circunstancia de que fuesen las bandas de la 'Madre Patria' quienes impulsasen la recuperación del heavy metal a ambos lados del Atlántico tras el declive de los años 90.

Siendo como es una zona geográfica tan extensa y, al mismo tiempo, crisol de culturas milenarias y de idiosincrasias político, social y cultural diversas, hablar del heavy metal en castellano es hacerlo de tal cantidad de referencias que es necesario hacerlo teniendo en cuenta el origen geográfico de las propuestas. Por ello, el siguiente breve repaso.

Argentina

El movimiento metálico argentino es uno de los de mayor arraigo, siendo una de sus características la crítica social en sus letras. Los pioneros del género fueron El Reloj, formados en 1971 e influenciados por Deep Purple.

Brasil

Hablar del metal brasileño es hacerlo forzosamente de Sepultura, cuyo éxito hizo que Belo Horizonte se convirtiese en la capital carioca del género.

Brasil, probablemente el mayor filón de heavy metal de toda Latinoamérica, ha dado nombres a tener en cuenta en diferentes estilos del metal, como por ejemplo Angra y Aquaria, en el power metal; Shaman, en el metal progresivo, o Violator, Dorsal Atlãntica y Torture Squad, en el thrash.

Ecuador

La historia del heavy metal en Ecuador se remonta a los años 80, teniendo como epicentro del movimiento la ciudad de Guayaquil, de la que son originarios grupos como Abraxas o Spectrum.

En cuanto a convocatoria, la capital del país acoge el ecléctico Quito Fest, que reúne referencias del rock alternativo y extremo.

El Salvador

Su escena metálica aparece en los años 80 con B'Rock, liderados por Vicente 'Chente' Sibrián, referente de la música salvadoreña. Después, en los años 90, se produjo una oleada de rock alternativo de la que destacó el grupo Ovni, al frente del cual estuvo el cantante Rafael Alfaro.

España

Tras referencias en los años 70 como Store y Coz, en la década de los años 80 el heavy metal se convirtió en uno de los fenómenos músico-sociales más importantes de la historia reciente de España, gracias a grupos como Barón Rojo, Obús y Ángeles del Infierno, adalides de la denominada Vieja Ola del Heavy Metal Español.

A pesar de los debacles económicos y la repudia de los medios generalistas, en España el heavy metal ha contado con el apoyo de publicaciones especializadas, como las revistas *Heavy Rock*, *Kerrang!* o *Metal Hammer*, y la organización de festivales como Leyendas del Rock, Bilbao BBK Live y Viña Rock.

Nicaragua

El metal llegó tarde a Nicaragua, quedando confinado, además, a una pequeña parcela del negocio musical de este país.

Perú

A comienzos de los años 70, el heavy rock peruano contó con los pioneros Pax y Tarkus.

Uruguay

Debido al contexto histórico del país, la dictadura militar entre 1973 y 1985, el rock duro llegó al país a finales de los años 80, siendo la primera formación en interpretarlo Psiglo, de la cual formó parte Hermes Calabria, batería de los españoles Barón Rojo.

Venezuela

El movimiento venezolano comenzó en 1981 con Arkangel y Resistencia, de una muy publicitada difusión que incluyó actuar frente a auténticas multitudes en recintos como Poliedro de Caracas, Nuevo Circo o Naciones Unidas. En 1984 el cantante de Arkangel, Paul Gillman, iniciaría su carrera en solitario, convirtiéndose así en una de las principales referencias del hard rock latino.

LOS ARTISTAS

Barricada

(España)

Paradigma por antonomasia del denominado rock urbano español, Barricada se formaron en 1982 por el bajista y vocalista Enrique Villarreal, *El Drogas*, Javier Hernández, *Boni*, voz y guitarra, y José Landa, batería, ofreciendo su primer concierto el 18 de abril de 1982 en la plaza de la Chantrea de Pamplona.

Tras la substitución de Landa por Mikel Astrainy y la incorporación de Sergio Osés, como voz y guitarra, Barricada publicaron su primer disco, *Noche de Rock and Roll* (1983), producido por Ramoncín y que implicó la entrada de Alfredo Piedrafita. En 1984, tras la muerte de Mikel a consecuencia de un aneurisma cerebral, el grupo ficha a Fernando Coronado y lanza, bajo la producción de Rosendo Mercado, *Barrio Conflictivo*, disco que abre la etapa dorada de Barricada, en la que se suceden álbumes como *No hay tregua* (1986), *No sé qué hacer contigo* (1987), *Rojo* (1988), *Pasión por el ruido* (1989), *Por instinto* (1991) y *Balas blancas* (1992).

La buena racha comercial acabaría en 1994 con *La Araña* y aún más notoriamente con el siguiente *Insolencia* (1996), declive que vino acompañado de la salida del grupo del sello Polygram en 1997. No obstante, Barricada vivirían su segunda juventud gracias a *Acción directa* (2000) y *Hombre mate hombre* (2004), celebrando su vigésimo quinto aniversario en 2007 con el recopilatorio *25 años de Rocanrol*, motivo de la gira *Otra noche sin dormir*, llevada a cabo junto a Rosendo y Aurora Beltrán (exTahúres Zurdos).

Pero tras el álbum *La Tierra está sorda* (2009), basado en la tragedia de la Guerra Civil española, El Drogas formaría Txarrena, que al convertirse en su principal motivación musical significó su marcha de Barricada, quienes, por su parte, publicarían en el mes de abril de 2012 *Flechas cardinales*, reclutando a Ander Izeta como bajista. Tras la posterior salida, en octubre de 2013, de Boni, Piedrafita comunicaría la disolución de Barricada, efectiva tras la actuación del grupo el 23 de noviembre en el Pabellón Anaitasuna de Pamplona.

Coda

(México)

Coda es el máximo exponente del hard rock mexicano, habiendo llegado a conseguir en sus casi tres décadas de trayectoria una meritoria aceptación en Latinoamérica, gracias a un repertorio influenciado por grupos como Def Leppard y Bon Jovi.

Formados en 1989 por Xava Aguilar, Toño Ruiz, Jesús Esquivel, Zito Martínez y Diego Benyure, su primer EP, *Tiempo perfecto*, aparecería en enero de 1990. Algunos meses después la banda se reformaría con las entradas del teclista David Melchor y el bajista Allan Pérez, con los que, tras fichar por el sello Sony, Coda graban su primer elepé, *Enciéndelo* (1993), al que pertenece el tema *Tócame*, cuyo éxito les permitiría telonear a Def Leppard y Mötley Crüe.

Su segundo trabajo discográfico, *Veinte para las doce*, contó con la producción de Robin Black (Pink Floyd, Black Sabbath...) y los arreglos de Spike Edney, músico de sesión de Queen, y contiene otro de los clásicos de la banda, «Aún». En 1997 llegaría *Nivel 3*, con el que ganarían el premio al Mejor Grupo de Hard Rock de los premios Nuestro Rock. Sin embargo, la marcha de Xava en 1998 forzaría la disolución de la banda en 2001, aunque en 2012 vuelve a reunirse para la 'Gira Reunión 2012-2013', seguida en 2014 de una nueva serie de conciertos por México para conmemorar el vigésimo quinto aniversario de la formación.

La Cuca

(México)

Originarios de Guadalajara, La Cuca son una de las bandas de hard rock más seguidas en México, con una legión de seguidores que abarca ya varias generaciones que disfrutan de la entrega de la banda en vivo.

José Fors, Carlos Avilez, Ignacio González y Galileo Ochoa formaron La Cuca en 1991, con la intención de agitar al público mexicano mediante canciones dotadas de textos que recurrían al humor negro y al acento sexual, tal y como muestra su primer disco, *La invasión de los blátidos* (1992), publicado a través del sello BMG. De este primer trabajo el single *El son del dolor* les procuró la suficiente popularidad como para que el siguiente trabajo, *Tu Cuca madre* (1993), se grabase en Gran Bretaña, contando con Robin Black como productor.

Después de que José Fors ceda temporalmente su puesto a su hermano Alfonso Fors, el grupo se traslada hasta Zurich para grabar *La Racha* (1995), que contiene «La balada», uno de los clásicos de La Cuca, así como una versión del clásico de los Doors, «Break on through». De nuevo con José Fors en la banda, en 1997 saldría a la venta *El cuarto de Cuca*, dotado de un sonido más agresivo, pero preludio de una inesperada disolución, debido al desinterés de BMG y del propio José Fors por el proyecto.

No obstante, seis años después el grupo reaparecía en el festival Vive Latino y presentaba el directo *Viva Cuca*, grabado en su ciudad natal los días 14 y 15 de mayo. Dos años después, tras casi diez sin pasar por un estudio de grabación, La Cuca publicaron *Con Pelotas*, un disco de sonoridades eclécticas que van desde la balada, «No creo en el amor» y «Cruda soledad», hasta el rock más pesado de «Metrosexual» y «Slam». El último lanzamiento de La Cuca hasta la fecha es *La Venganza de Cucamonga*, en las tiendas desde el mes de febrero de 2015 y broche de lujo a casi veinticinco añso de carrera musical.

Divididos

(Argentina)

De las cenizas de Sumo, disueltos tras el fallecimiento de su cantante, Luca Prodan, Ricardo Mollo (guitarra), Diego Arnedo (bajo) y el batería de La Sobrecarga, Gustavo Collado, formarían Divididos, quienes tras unos meses de actuaciones lanzarían su primer álbum en 1989, *40 Dibujos ahí en el piso*, que contiene la versión de «Light my fire», de los Doors.Tras la substitución de Collado por Federico Gil Solá, a finales de 1991 aparecería su segundo álbum, *Acariciando lo áspero*. que motivaron una serie de conciertos en el Estadio Obras Sanitarias y en los que interpretaron para presentaron algunos de los temas que acabarían formando parte de *La era de la boludez* (1993), número 1 en Argentina.

Tras firmar con BMG y la edición del disco *Gol de mujer* (1998), en 2000 Divididos grabarían en los estudios Abbey Road *Narigón del siglo*, escogido como Mejor Disco del Año por diversas revistas musicales argentinas, mientras que «Spaghetti del rock» fue elegida como la mejor canción de la década por la revista *Rolling Stone*.

Vengo del placard de otro (2002) sería el último disco con Jorge Araujo a la batería y tras recibir en 2005 el premio Konex de Platino a la mejor banda de rock de la década, en 2010 Divididos publicaba *Amapola del 66*, que incluía algunos temas que la banda ya había presentado previamente en concierto y que a su vez daría lugar al primer DVD de la banda, *Audio y agua* (2011).

Los Enanitos Verdes

(Argentina)

Forjados en decenas de actuaciones en clubes y pequeñas salas, a comienzos de 1984 Enanitos Verdes participaron en el Festival de La Falda, en el que fueron elegidos como grupo revelación. Por entonces, junto a los miembros

originales Cantero, Staiti y Piccolo, se incorporan Tito Dávila y Sergio Embroni, formación que grabaría el álbum homónimo que incluía el tema «Aún sigo cantando», clásico del rock argentino.

En 1986 editarían *Contrarreloj*, producido por Andrés Calamaro, al igual que el siguiente *Habitaciones extrañas*. Tras la extensa y multitudinaria gira de 1988, año en el que vería la luz el disco *Carrousel*, y la correspondiente al álbum «Había Una Vez...», la banda opta por una breve separación, hata que en 1992 graban *Igual que ayer*, mientras que en 1995 logran un nuevo éxito con la canción «Lamento boliviano», perteneciente al álbum *Big Bang*, cuya gira les lleva por Hispanoamérica, ofreciendo 129 actuaciones.

Guerra gaucha (1996) estaría producido por Jeff Baxter (Doobie Brothers, Steely Dan) y Gustavo Borner (encargado también del posterior *Pescado Original*, grabado en California). Tras *Planetario* (1997), *Tracción acústica* (1998) les valdría su penetracción en el mercado estadounidense, siendo nominados al Grammy al Mejor Disco de Rock Latino.

Consagrados en el mercado latino —consideración refrendada con giras por todo el continente y nuevas nominaciones al Grammy—, esta intensa actividad se mantiene aún hoy en día y sirve para aumentar el legado de este, en esencia, dúo (Marciano Cantero y Felipe Staititrío), mediante su inclusión en eventos de relieve como el festival Vive Latino, en el que actuaron en 2011 frente a 60.000 personas, como acto predecesor de la publicación de su último disco en estudio, *Tic Tac*, aparecido en 2012.

Extremoduro

(España)

Originarios de Plasencia, Extremadura, en 1987 Robe Iniesta formó Extremoduro, formación que se ha autodefinido como intérprete de rock trangresivo, en ocasiones cercano al punk y habitualmente etiquetado como rock urbano, que se autofinanció en sus comienzos gracias a las contribuciones altruistas del público ocasional, lo que en 1989 les posibilitó la grabación de la maqueta *Rock transgresivo*. Gracias a su participación en el concurso na-

cional Yamaha, Extremoduro fueron contratados por Avispa, que se encargó del lanzamiento de su primer álbum, *Tú en tu casa, nosotros en la hoguera*. Su segundo trabajo, *Somos unos animales* (1991), contaría con la participacion de Rosendo Mercado, siendo capítulo previo a la etapa de los primeros éxitos de la banda, que comenzó a verse sumida en las drogas y durante la cual verían la luz discos como *Deltoya* (1992), doble vinilo distribuido por el sello DRO, *¿Dónde están mis amigos?* (1994) o el proyecto *La Pedrá*, y que sería conocida como la 'Era del Caos', en la que los conciertos caóticos llegaron a ser una seña de identidad de la banda.

Este período se finiquitó con *Agila* (1996), con el que lograron la atención de los grandes medios de comunicación, gracias al tema «So payaso», premio al mejor vídeo musical de los Premios de la Música.

A la gira llevada a cabo con Platero y Tú y el proyecto 'Extrechinato y Tú' (homenaje a la obra de Manolo Chinato), les siguió el directo *Iros todos a tomar por culo* (1997).

Tras *Canciones prohibidas* (1998) y *Yo, minoría absoluta* (2002), Robe se lanzó a escribir su primera novela, *El viaje íntimo de la locura*, y, en 2006, fundó el sello discográfico Muxik. Dos años después se pondría a la venta *La ley innata*, un álbum conceptual dividido en seis partes de estructuras complejas y diversidad instrumental, seguido en 2011 por *Material defectuoso*, del que se vendieron sin promoción alguna 12.000 copias, y en 2013 *Para todos los públicos*.

Leño

(España)

Génesis del posteriormente denominado 'rock urbano', Leño responden en su mayor parte al talento de Rosendo Mercado, que formó la banda tras su salida de Ñu, más inspirados en el rock anglosajón de raíces folclóricas tradicionales.

Leño ofrecieron su primer concierto en el mes de febrero de 1977 y al año siguiente publicaban su primer single, *Este Madrid/Aprendiendo a escuchar*, preludio de su primer disco homónimo, en el que ya participó en el último instante Tony Urbano, el bajista definitivo de la formación. Para el segundo trabajo, *Más Madera* (1980), el grupo contó con la producción del polémico Teddy Bautista, quien manejó a su albedrió al trío, dotándolo en la grabación de un sonido más pop, lo que contrastaba con la fuerza real de Leño. No es extraño, por tanto, que el siguiente capítulo en la discografía fuese el álbum *En Directo*, grabado los días 25, 26 y 27 de marzo en la sala Carolina de Madrid. (En 2006, aparecería *En Vivo '83*, publicado por Sony/BMG).

En la primavera de 1982 Leño grabaron *Corre, Corre* en Londres, con la producción de Carlos Narea, consolidando a la banda. Sin embargo, la intensidad de su breve trayectoria mermó las posibilidades futuras y, como colofón a su historia, Leño se sumaron a la gira, organizada en 1983 por Miguel Ríos, El rock de una Noche de Verano. La última actuación de Leño se llevó a cabo en el Parque del Oeste de Madrid, en el mes de octubre de aquel mismo año, tras declarar sus tres integrantes que habían llegado «a un callejón sin salida a nivel creativo».

Décadas después, en 2010, con motivo del lanzamiento del álbum tributo *Bajo la corteza: 26 canciones de Leño*, el trío ofreció una breve actuación en la Sala Caracol de Madrid. Dos años después, la edición en castellano de la revista *Rolling Stone* calificó a Leño como la decimotercera mejor banda del rock español.

Mago de Oz

(España)

En 1988, Jesús María Hernández Gil, Txus di Fellatio, comenzó a reunir la primera formación de Mägo de Oz, que grabó la maqueta *Y qué más da*, que presentan por todo lo alto durante las fiestas del Partido Comunista en Segovia. Pero no sería hasta 1994 cuando ve la luz su álbum, *Mägo de Oz*, financiado por el padre de Txus, seguido dos años después de *Jesús de Chamberí*, el primer gran disco de la formación, promocionado mediante el Via Crucis Tour.

Tras *La Bruja* (1997) llegaría el álbum conceptual *La Leyenda de la Mancha* (1998), basado en *El Quijote* y presentado a través de The Richal Tour (¡115 conciertos en España!), seguido del exitoso *Finisterra* (2000), Disco de Platino en España, y del que destacan las aportaciones de Fernando Ponce de León, flauta, y Kiskilla, teclados.

Ya en 2003, la banda presenta dos propuestas, una literaria, el libro *Por el camino de las baldosas amarillas en la tierra de Oz*, y otra musical, *Gaia*, con la que Mago de Oz abren una trilogía en el que el nivel musical se vuelve más complejo y que se completa con *Gaia II*, *La voz dormida* (2005) y *Gaia III*, *Atlantia* (2010), ambas grabaciones promovidas mediante extensas y populares giras.

En los últimos años el puesto de cantante de Mago de Oz lo ha ocupado Javier Domínguez 'Zeta', con el que la banda entraría en el estudio en el verano de 2012 para grabar *Hechizos, pócimas y brujería*, que lleva a la banda por Estados Unidos y Latinoamérica, mientras que en 2014 inicia una serie de conciertos por Europa, como preludio a la grabación de su último disco hasta la fecha, *Ilussia*.

Maldita Vecindad

(México)

Pertenecientes a la hornada de bandas que incluyó a Caifanes, Café Tacuba y Maná, Maldita Vecindad y los Hijos del Quinto Patio aparecieron en la escena musical mexicana con una propuestas que combinaba el rock anglosajón con los ritmos populares, valiéndose de la cultura chicana.

Desde su formación en 1985, Maldita Vecindad evidenciaron una conciencia social, manifestándose contra el presunto fraude electoral de 1988 o las iniciativas de sindicatos independientes. Fue su álbum *El Circo* el que les trajo el éxito comercial, con unas ventas cercanas al millón de copias. En el ámbito profesional de la música, en 1991 Maldita Vecindad realizaron su primera gira por Estados Unidos, abriendo para artistas como INXS, Bob Dylan o Leonard Cohen, mientras que al año siguiente compartieron escenario con Mano Negra y Los Fabulosos Cadillacs. Tras retirarse temporalmente de los escenarios en 2011, en 2014 Maldita Vecindad se reunieron para participar en la XV edición del festival Vive Latino, con motivo de sus treinta años de actividad.

Molotov

(México)

Formados en el mes de septiembre de 1995, y tras despuntar como teloneros de Héroes del Silencio, Molotov lograron fichar por una *major*, Sony,

que lanzó su primer álbum, *¿Dónde jugarán las niñas?*, en julio de 1997, cuyo contenido les valió las comparaciones con otras formaciones norteamericanas como Beastie Boys o Rage Against the Machine, debido a la crítica social y política de sus letras, lo que implicó la negativa de algunas tiendas de discos mexicanas a vender sus discos. En cambio, sus logros musicales fueron subrayados por diversos medios, como la revista *Bass Player*, que consideró las líneas de bajo «como las más intensas de todos los tiempos».

También el siguiente trabajo, *Apocalypshit* (1999), les reportó los elogios de la crítica, siendo considerado como «una excelente aventura a través del grunge metal» y promocionado mediante una gira de dos años. *Dance and Dense Denso* (2003) les valió cuatro premios MTV Latinoamérica (vídeo del año, mejor grupo o dúo, mejor artista alternativo y mejor artista mexicano), mientras que *Con todo respeto* (2004), supuso un descanso artístico al reunir versiones de artistas como Beastie Boys o Misfits.

En 2007, en mitad de los rumores de una posible disolución, Molotov publicaron *Eternamiente*, álbum que recogía cuatro EPs grabados por cada uno de los miembros de la banda por separado (*Hasta la basura se separa*, *El Plan de Ayala*, *San Titolo*, *Miss Canciones*).

Tras girar con regularidad por Estados Unidos y Europa y ser reconocidos como 'la banda de rock alternativo más irreverente de la música latina', en mayo de 2012 se puso a la venta *Desde Rusia con amor*, disco acompañado de un DVD testimonio de sus actuaciones en Rusia en 2010 y que les valió el Grammy latino al Mejor Álbum de Rock. Igual recorrido comercial cosecharía *Agua Maldita* tras ver la luz en 2014, puesto que fue excusa para nuevos conciertos por Europa y América.

Los Natas

(Argentina)

Con influencias que iban desde The Doors, hasta Black Sabbath y Kyuss, Los Natas, oriundos de Buenos Aires, fueron un trío que respondió al criterio del guitarrsita Sergio Chotsourian y el batería Walter Broide.

Tras su primer álbum, *Delmar* (1996), sería *Ciudad de Brahman* (1999), producido por Dale Crover (Nirvana, Melvins), el álbum con el que Los Natas lograron su primer éxito, aunque con los dos siguientes, *Corsario negro* (2002) y *Toba Trance, vol, 1 & 2* (2004), su música se tornó más oscura y experimental, elementos que permanecerían en sus tres últimos trabajos, *München Sessions* (2005), *El hombre montaña* (2006) y *Nuevo orden de la libertad* (2009).

Caracterizado por constantes cambios de ritmo y largas improvisaciones en las que se daban cabida desde el rock psicodélico hasta el jazz, su repertorio logró despertar el interés del público internacional, como lo confirman sus giras por Estados Unidos, de finales de los años 90, y Europa, durante la primera década del nuevo milenio, además de haber compartido escenario con artistas como Queens of the Stone Age, Dozer, Motörhead, Iggy Pop, NIN o Brant Bjork. Lamentablemente, y a pesar de su cualitativa aportación, el 3 de febrero de 2012 Los Natas anunciaban su separación a través de Facebook.

Ratones Paranoicos

(Argentina)

Con una deuda contraída con el legado de los británicos Rolling Stones, formación que tanto furor ha causado y causa en Argentina, Ratones paranoicos lanzaron su primer disco en 1986, aunque sería con el siguiente, *Los chicos quieren rock* cuando lograron conectar con el público argentino.

Tras fichar en 1990 con el sello Sony y el álbum *Tómalo o déjalo*, Ratones Paranoicos lograron contar con Andrew Loog Oldham en la producción de *Fieras lunáticas*, conexión con los Stones que llegó a su primer momento cumbre cuando en el mes de noviembre de 1992 la banda teloneó a Keith Richards en la actuación de este en el Coca-Cola Rock Festival, y remataron aquel año abriendo también para Guns N' Roses, en el estadio de River Plate.

Tres años después, tras ver como Mick Taylor, exguitarrista de los Stones, participaba en *Hecho en Memphis*, Ratones Paranoicos telonearon a los Rolling Stones en los cinco conciertos que los ingleses ofrecieron en el estadio de River. Establecidos como uno de los referentes del rock argentino, con la regular edición de nuevos trabajos en estudio, Ratones Paranoicos han compartido escenario con artistas de talla internacional como Korn o Kiss. Sin embargo, quizás su exclusivo calado en el mercado de su país conllevó a un hastío que determinó su disolución en el verano de 2011.

La Renga

(Argentina)

La Renga iniciaron su carrera haciendo versiones de bandas como Creedence Cearwater Revival, Vox Dei o Manal, que interpetaban en el circuito *underground* de Buenos Aires.

En 1991, publicarían su primer disco, *Esquivando charcos*, muestra de los escasos recursos de la banda, puesto que siete temas fueron grabados en estudio y dos en su local de ensayos, aunque siete años después Polygram se encargaría de reeditarlo. También de manera independiente, en 1993 se editaría *A donde me lleva la vida...*, que hace posible que las actuaciones se vuelven cada vez más numerosas y con un mayor número de público, lo que La Renga aprovechan para grabar su primer álbum en directo, *Bailando en una pata*, que recoge un recital de 1995. Dos años después, gracias al disco *Despedazado por mil partes*, La Renga se embarcan en su primera gira por México y Estados Unidos, mientras que en 1998, promocionando el álbum *La Renga*, actúan en Uruguay y en España, teloneando en este último país a Los Suaves.

Con la llegada del nuevo milenio, el grupo seguiría publicando regularmente nuevos trabajos (*La esquina del infinito*, *Detonador de sueños*, *En el ojo del huracán*, *Truenotierra*, *Algún rayo*, *Pesados vestigios*), y aunque su actividad se centra en Argentina, en su país natal suelen ofrecer actuaciones multitudinarias que los confirman como uno de los grandes nombres del rock en castellano.

Rosendo

(España)

Rosendo Mercado Ruíz (Madrid, 23 de febrero de 1954), comenzó su legendaria carrera como miembro de Fresa y Ñu, hasta que en 1977 decide, junto a Ramiro Penas y Chiqui Mariscal, dar vida a Leño, mítico referente del rock español que sucumbió a los problemas con su sello discográfico, Zafiro.

De ahí que en 1985 Rosendo iniciase su trayectoria en solitario con el popular disco *Loco por incordiar*, comienzo de una discografía que al margen de los resultados comerciales se ha caracterizado por su coherencia y calidad contrastada. De sus trabajos en estudio caben destacar *Jugar al guá* (1988), *La tortuga* (1992), *Canciones para normales y mero dementes* (2001), *A veces cuesta llegar al estribillo* (2011) y *Vergüenza torera* (2013), obras en las que se manifiesta el carácter crítico a la sociedad y la política de cada momento.

Que el de Rosendo ha sido un camino incólume, estoico e íntegro se refleja en hechos como el haber recibido en 2006 la Medalla de oro al Mérito en las Bellas Artes o el premio a la Coherencia que le concedió el partido político Izquierda Unida. Y su incidencia en las carreras de artistas posteriores en el tiempo lo testimoniaba la gira Otra Noche sin Dormir, en la que compartió escenario con Barricada y Aurora Beltrán, líder de Tahúres Zurdos.

Los Suaves

(España)

Desde Orense, los hermanos Yosi y Charly Domínguez son los responsables de Los Suaves, banda fundamental del rock en España que tuvo su primera oportunidad en 1981, al telonear a Los Ramones en La Coruña. La ocasión les propició firmar con la discográfica gallega Edigal, con la que editaron sus

dos primeros discos, *Esta vida me va a matar* (1982) y *Frankenstein* (1984), si bien fue el tercer disco, *Ese día piensa en mí* (1988), el que les concede el reconocimiento a nivel nacional. Este primer período, cerrado con el directo *Suave es la noche* (1989), coincide con la marcha del guitarrista Hermes Alogo, substituido por Alberto Cereijo.

Con el cambio de década, los discos de Los Suaves acentúan su cadencia rockera y su éxito comercial, de los que buenos ejemplos son *Maldita sea mi suerte* (1991) o *Santa Compaña* (1994). Tras apoyar a los argentinos La Renga, Los Suaves viajaron hasta Argentina para ofrecer algunas actuaciones en enero de 1999, teloneando aquel mismo año a los Rolling Stones en Santiago de Compostela.

Tras algunos cambios en su formación, Los Suaves continuaron publicando discos durante la primera década del nuevo mileno —*Víspera de todos los santos* (2000), *Un paso atrás en el tiempo* (2002), *Si yo fuera Dios*, (2003), *El jardín de las delicias* (2005) y *Adiós, Adiós* (2010)—, ofreciendo actuaciones para el recuerdo, como los correspondientes a la Gira de los 1.000 Conciertos, recogida en DVD y que arrancó en Londres.

Lamentablemente, el 18 de diciembre de 2014, Los Suaves anunciaron que en la primavera de 2015 comenzarían su gira de despedida.

Bibliografía

La bibliografía y videografía que se recomienda en las siguientes páginas es tan solo una breve muestra de las obras más destacadas, siendo, como es de suponer, más extenso el número de títulos existentes en el mercado.

Libros temáticos publicados en castellano

Hijos del rock. Bienvenido mr. Rock (1957-1975), Salvador Domínguez, Fundación Autor, 2004.

Hijos del rock. Los grupos hispanos 1975-1989, Salvador Domínguez, Fundación Autor, 2004.

Cuerdas de acero, historia del heavy metal en España, Andrés López Martínez, Quarentena, 2009.

La calle que no calla, una historia del rock urbano en España, Chema Granados, Quarentena, 2009.

Glam Rock, sexo purpurina y lápiz de labios, Sergio Guillén y Andrés Puente, Milenio, 2010.

1001 discos que hay que escuchar antes de morir, Robert Dimery, Grijalbo, 2011.

La caza de brujas. Censura y persecución contra el rock vasco, Mariano Muniesa, Quarentena, 2013.

Biografías publicadas en castellano

King Crimson, Carlos Romeo, Cátedra, 1999.

Led Zeppelin. El martillo de los dioses, Stephen Davis, Ma Non Troppo, 2008.

Lynyrd Skynyrd, Vicente Javier García Vidri, Quarentena, 2010.

Mötley Crüe, los trapos sucios: confesiones del grupo de rock mas infame del mundo, Mötley Crüe, Es Pop Ediciones, 2011.

Jethro Tull y el Faro de Aqualung, Vicente Álvarez, Quarentena, 2012.

Mago de Öz, si la vida te pisa desenvaina una sonrisa, Txus di Fellatio, Quarentena, 2012.

Maneras de vivir. Leño, Kike Turrón y Kike Babas, Impresionarte, 2013.

Alice Cooper, Por un billón de dólares, Sergio Martos Montes, 66 RPM, 2013.

Deep Purple Made In Japan, Carlos Fernández, Quarentena, 2014.

¿Acaso molesta el ruido que retumba en mi sesera?, Steven Tyler, Malpaso Ediciones, 2014.

Los Suaves, Mi casa es el rock'n'roll, Javier Domínguez Álvarez, Xerais, 2014.

Slash, Slash y Anthony Bozza, Es Pop, 2014.

Libros temáticos publicados en inglés

Rock Wives, Victoria Balfour, William Morrow & Co, 1986.

Running with the devil, power, gender and madness in heavy metal music, Robert Walser, Wesleyan University Press, 1993.

Bang your head; the rise and fall of heavy metal, David Konow, Three Rivers Press, 2002.

Essential hard rock and heavy metal, Eddie Trunk, Harry Abrahams, Inc, 2011.

Living on a prayer, Thomas Harrison, Kendall Hunt Pub. Co., 2012.

Hard rock rebels, talking with rock stars, Neil Daniels, Createspace, 2013.

Riff raff, rebels and rock gods, Garry Bushell, Creatspace, 2014.

Biografías publicadas en inglés

Crazy from the heat (Van Halen), David Lee Roth, Hyperion, 1997.

Hammer of the gods (Led Zeppelin), Stephen Davis, Berkley, 2001.

Scar Tissue (Red Hot Chili Peppers), Anthony Kiedis, Warner Books, 2005.

The heroin diaries: a year in the life of a shattered rock star, Nikki Sixx, Paperback, 2008.

Red: my uncensored life in rock, Sammy Hagar, It Books, 2011.

My cross to bear, Gregg Allman, Harper Collins, 2013.

Sex, drugs, Ratt & roll, my life in rock, Stephen Pearcy (Ratt) y Sam Benjamin Gallery Books, 2014.

Face the music: a life exposed, Paul Stanley (Kiss), Harper One, 2014.

Rockumentales

Groupies, 1970, Ron Dorfman y Meter Nevard.

Rock My Religion, 1984, Dan Graham.

This Is Spinal Tap, 1984, Rob Reiner.

The Decline of Western Civilisation, The Metal Years, 1988, Penelope Spheeris.

Hype!, 1997, Doug Pray.

Edgeplay, 2004, Victory Tischler-Blue.

Metal: A Headbanger's Journey, 2005, Sam Dunn y Scott McFayden.

It Might Get Loud, 2008, David Guggenheim.

Beyond The Lighted Stage, 2010, Scout McFayden y Sam Dunn.

Soaked In Bleach, 2015, Benjamin Statler.

Filmaciones por artistas

AC/DC
- *Let There Be Rock* (1980)
- *Live at Donington* (1992)
- *Pug Me In* (2007)
- *Live at River Plate* (2009)

Aerosmith
- *You Gotta Move* (2014)

Barón Rojo
- *Barón Rojo, la película* (2013)

Deep Purple
- *Perfect Strangers Live* (2013)

Def Leppard
- *Hysteria. In the Round, In Your Face* (2001)
- *Viva! Hysteria* (2013)

Dream Theater
- *Metropolis 2000: Scenes From New York* (2001)

Foo Fighters
- *Everywhere But Home* (2003)
- *Sound City* (2013)

Iron Maiden
Live After Death (1985)
Early Days (2004)
Flight 666 (2009)
Maiden England (2013)
Live at Luna Park (2012)
Kiss
Kissology, vol. 1 (2006)
Kissology, vol. 2 (2007)
Kissology, vol. 3 (2008)
Led Zeppelin
The Song Remains The Same (1976)
Pearl Jam
Pearl Jam Twenty (2011)
Queensrÿche
Operation: Livecrime (1991)
Building Empires (1992)
Rush
Rush In Rio (2003)
Beyond The Lighted Stage (2010)
Spinal Tap
This Is Spinal Tap (1984)
Thin Lizzy
Live And Dangerous (1978)
Triumph
Live at the US Festival (2003)
Steve Vai
Where the Wild Things Are (2013)
Whitesnake
Made in Japan (2013)
ZZ Top
Double Down Live, 1980 - 2008 (2009)

En la misma colección

Heavy Metal

Andrés López Martínez

Este libro hace un repaso pormenorizado de la historia del heavy metal, destacando las claves del género y las bandas más representativas del panorama internacional, incluyendo aquellas que más suenan en España e Hispanoamérica.

- Metal progresivo: Queensrÿche, Fates Warning y Dream Theater.
- Funk Metal: Living Colour, Primus, Red Hot Chili Peppers, Faith No More.
- Grindcore: Napalm Death, Carcass, Bolt Thrower, Brutal Truth, Extreme Noise Terror.
- Groove Metal: Exhorder, Pantera y White Zombie.

Soul y Rhythm & Blues

Manuel López Poy

Este libro hace un repaso pormenorizado de la historia del soul y el rhythm and blues, destacando cuáles son las claves de un género que ha hecho bailar y emocionarse a media humanidad, así como una amplia selección de sus principales grupos y los álbumes fundamentales que lo componen.

- Los grandes pioneros: Sam Cooke y Ray Charles.
- Bajo el sello Stax Records: Otis Redding, Sam & Dave.
- Llega la revolución soul: Aretha Franklin.
- El fenómeno Motown: The Supremes, Gladys Knight & The Pips.
- El neo soul: Amy Winehouse, Erykah Badu, Jill Scott.

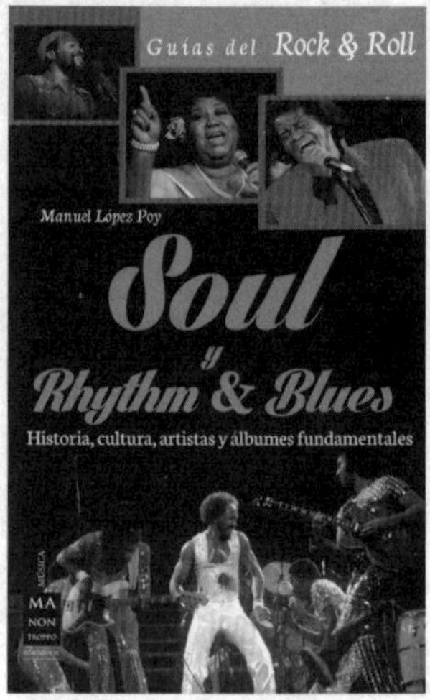

Rockabilly

Manuel López Poy

Este libro es una completa guía para conocer los grupos y los personajes clave que forjaron la leyenda y el mito del rock y de uno de sus principales subgéneros, el rockabilly.

- Fats Domino: el pionero de Nueva Orleans.
- Johnny Hallyday, el orgullo francés.
- Buddy Holly, el chico formal de contundente rock and roll.
- Roy Orbison o la trágica melancolía.
- Elvis Presley, simplemente El Rey.